Auguste-Prosper-François

BARON

Guerrier de Dumast

(1796-1883)

Enfant de Nancy, il aima sa ville natale.

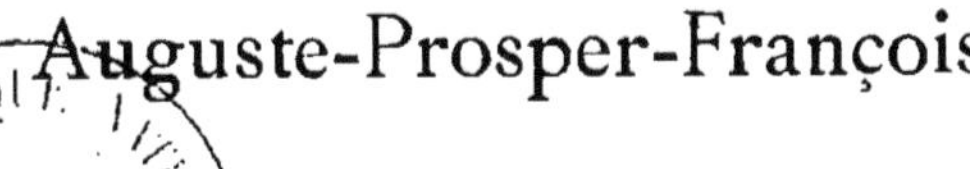

Auguste-Prosper-François

BARON

Guerrier de Dumast

(1796-1883)

Enfant de Nancy, il aima sa ville natale.

AUGUSTE-PROSPER-FRANÇOIS

B^ON GUERRIER DE DUMAST

Le vendredi 26 janvier 1883, est décédé pieusement, en son hôtel, à Nancy, à l'âge de quatre-vingt-six ans et onze mois, M. le baron Auguste-*Prosper*-François Guerrier de Dumast, ancien sous-intendant militaire ; ancien membre du Conseil d'arrondissement, du Conseil municipal et de la Commission des hospices de Nancy ; avocat ; correspondant de l'Institut (Académie des Inscriptions et Belles-Lettres) et du Ministère de l'instruction publique ; président d'honneur, à vie, de l'Académie de Stanislas ; secrétaire perpétuel de la Société d'archéologie lorraine ; l'un des fondateurs de la Société asiatique ; président honoraire du Comité de Nancy de la Société de secours aux blessés militaires; ex-président du premier Congrès américaniste universel; membre des Sociétés philotechnique, d'ethnographie orientale et américaine, d'enseignement supérieur, centrale d'acclimatation, protectrice des animaux, etc.; membre correspondant ou honoraire des Académies de Moscou, Palerme, Luxembourg, Athènes, Constantinople, Lille, Niort, Metz, Épinal, etc.

Chevalier de la Légion d'honneur; commandeur de 1re classe du Dannebrog (Danemark); officier de l'instruction publique et de Notre-Dame de Guadalupé (Mexique); chevalier de Charles III (Espagne), de la Couronne de fer (Autriche), etc....., médaillé de Sainte-Hélène.

A la nouvelle de sa mort, et sans distinction d'opinions, tous les journaux de Nancy se sont empressés de consacrer à la personne de ce *grand Lorrain* des articles où ils rappelaient, chacun à son point de vue, les titres si nombreux qu'il s'était acquis à la reconnaissance et à la vénération de tous. Le jour de ses obsèques, plusieurs discours furent prononcés sur sa tombe, et depuis, sous des formes différentes, de nombreux hommages ont été rendus à sa mémoire.

En réunissant discours et articles dans une même brochure, d'un caractère tout intime, ses enfants croient répondre aux désirs de ses admirateurs et amis : mais ils veulent, surtout, former un recueil qui sera l'une des pièces les plus précieuses de leurs archives de famille, où les leurs apprendront ce que fut leur aïeul, avec quelle vénération ils devront garder le culte de sa mémoire et à quelle hauteur ils auront à tenir le nom glorieux qu'il leur a laissé.

Voici en quels termes les journaux de Nancy[1] ont annoncé la mort de M. le baron de Dumast :

Nous avons le triste devoir d'annoncer à nos lecteurs la mort du vénéré président d'honneur de l'Académie de Stanislas. M. P. G. de Dumast, correspondant de l'Institut, est mort vendredi matin, dans son hôtel, sur la Carrière, à l'âge de quatre-vingt-six ans. La ville de Nancy perd en lui un de ses enfants les plus éclairés et les plus passionnément dévoués. Ce n'est pas en ce moment qu'il nous est possible de retracer la carrière longue, laborieuse et si utile de notre éminent compatriote; nous nous réservons de lui consacrer une étude digne de ses œuvres, en nous bornant aujourd'hui à adresser

1. Nous ne parlerons pas ici des notes parues aussitôt dans les journaux de Paris, comme l'*Union*, le *Voltaire*, le *Figaro*, le *Français*, la *Liberté*, le *Petit Journal*, le *Clairon*, le *Temps*, la *Gazette de France*, etc..., lesquelles ne sont, pour la plupart, que la reproduction des articles ci-après.

à sa famille l'expression de nos regrets qui seront partagés par tous les Nancéiens et tous les lotharingistes sans distinction d'opinions.

(*Journal de la Meurthe et des Vosges*, 27 janvier 1883.)

M. P. Guerrier de Dumast vient de mourir à quatre-vingt-six ans. Il avait consacré sa vie à la science.

L'Inde l'avait attiré. Il avait contribué dans une large part, avec MM. E. Burnouf et Leupol, à vulgariser la langue des brahmanes.

M. de Dumast avait un culte pour la Lorraine. Il était le doyen des lotharingophiles, le plus fervent, le plus estimé. Le dernier des Lorrains meurt en lui.

Son cerveau était une véritable encyclopédie. Il aimait à recevoir dans son cabinet d'étude les jeunes gens avides d'apprendre. Sa causerie était variée, très instructive. Il laisse des ouvrages pleins d'aperçus originaux.

Bien que croyant, M. Guerrier de Dumast était très tolérant, et ce n'était pas un des moindres mérites de cet esprit indépendant et original.

Correspondant de l'Institut, président d'honneur de l'Académie de Stanislas, M. de Dumast fut pendant plus d'un demi-siècle le promoteur de bien des initiatives dont s'honore notre ville. Sans pouvoir énumérer ici les œuvres utiles dues à son impulsion, nous nous faisons un devoir de rappeler que c'est à ses revendications incessantes, à ses démarches infatigables que Nancy doit d'avoir obtenu, en 1852, le rétablissement définitif de son ancienne Université.

(*Le Progrès de l'Est*, 27 janvier 1883.)

Nous avons le regret d'apprendre la mort d'un de nos plus éminents concitoyens, M. P. G. de Dumast, décédé vendredi, dans son hôtel de la Carrière, à l'âge de quatre-vingt-six ans. Tous nos lecteurs sans exception s'associeront au deuil de la famille, à laquelle nous nous faisons un devoir d'adresser nos sentiments de condoléance.

Correspondant de l'Institut, président d'honneur de l'Académie de Stanislas, M. de Dumast, malgré une santé affaiblie, fut pendant un demi-siècle le promoteur de toutes les initiatives dont peut s'honorer la ville de Nancy.

Sans énumérer les œuvres utiles qu'il a provoquées ou auxquelles il a prêté un concours incessant, on ne saurait oublier qu'à ses revendications incessantes, à ses démarches infatigables, nous devons le rétablissement à Nancy, dès 1852, de l'ancienne Université, à laquelle se sont jointes successivement les Facultés de droit et de médecine et ont fait de notre ville le grand centre intellectuel de la région de l'Est.

(*L'Impartial de l'Est*, 27 janvier 1883.)

Vendredi, vers l'heure de midi, s'est éteint, à Nancy, à l'âge de quatre-vingt-six ans et onze mois, M. le baron de Dumast, chevalier de la Légion d'honneur, ancien sous-intendant militaire, correspondant de l'Institut, président d'honneur de l'Académie de Stanislas, secrétaire perpétuel de la Société d'archéologie lorraine, correspondant honoraire du Comité des travaux historiques, archéologiques et des Sociétés savantes, etc., etc.

Depuis quelques années, M. de Dumast avait perdu la vue et se servait de la main d'un secrétaire pour ses nombreuses correspondances. Mais il n'en était pas moins resté le centre de tout un monde de lettrés, de savants, de philosophes et d'historiens. Presque jusqu'aux derniers jours, il a conservé les brillantes qualités de son esprit et sa haute et patriotique initiative.

Initiateur, M. de Dumast le fut avec passion, et on écrirait un volume intéressant et curieux de toutes les institutions dont Nancy lui est redevable, de toutes les fondations dont il fut l'inspirateur. Nul n'aima mieux sa patrie ; nul ne travailla plus à sa prospérité et à sa gloire, et nul n'y réussit mieux. D'autres le diront ; à leur défaut, nous le dirons nous-mêmes, quand nous serons un peu remis de l'émotion de cette grande et irréparable perte.

Ce que nous voulons écrire dès aujourd'hui, c'est que M. de Dumast fut religieux, complètement religieux. En catholique il a vécu, en catholique il est mort. Depuis qu'il était devenu aveugle, les nombreux écrits et correspondances qui d'ordinaire surchargeaient sa table de travail avaient été remplacés par un crucifix et un chapelet, et ses amis et visiteurs ont pu se convaincre qu'il savait s'en servir et y trouver d'immenses consolations.

Au sortir de la révolution de Juillet, époque où les idées et les pratiques religieuses étaient peu en faveur, M. de Dumast se posa en homme de foi et réussit à entraîner dans son orbite quelques jeunes gens de bonne volonté qu'il forma aux œuvres charitables et religieuses. A leur tour, et longtemps sous son inspiration, ils firent des œuvres et des prosélytes, et c'est ainsi que se constitua peu à peu le groupe si nombreux et si compact des catholiques de notre ville. Mais à lui le mérite principal de cette renaissance religieuse ! pour eux il fut longtemps une lumière, une force, et sera toujours une de leurs gloires, comme il restera un des plus insignes et des plus incontestables bienfaiteurs de la ville de Nancy, où la nouvelle de sa mort a produit la plus vive impression.

(*L'Espérance, Courrier de Nancy*, 28 janvier 1883.)

Nous avons le regret d'apprendre la mort du vénérable M. Guerrier de Dumast, président d'honneur de l'Académie de Stanislas, correspondant de l'Institut, décédé à Nancy à l'âge de quatre-vingt-six ans.

C'était un savant dans toute l'acception du mot, menant de front les études sur la Lorraine et sur l'Orient. Lorrain, il l'était plus que personne, et peut-être à un degré chimérique ; orientaliste, il a contribué avec les Burnouf et les Leupol à vulgariser le sanscrit, cette mère langue des langues mortes indo-européennes.

M. Guerrier de Dumast était une encyclopédie vivante ; il abordait tous les sujets et les traitait aussi facilement en vers qu'en prose. Il y a quelques jours encore, il faisait imprimer à l'imprimerie Saint-Epvre un poème sur les sept sacrements : l'*Heptapège*, étonnant de profondeur et de simplicité. On peut dire que, jusqu'au dernier souffle, sa vie a été consacrée à la science, à celle qui rapproche de Dieu.

M. Guerrier de Dumast fut, pendant plus d'un demi-siècle, le promoteur de bien des initiatives dont s'honore la ville de Nancy. C'est à ses revendications incessantes, à ses démarches infatigables que Nancy doit d'avoir obtenu, en 1852, le rétablissement définitif de son ancienne Université.

Sa mort est un deuil public.

(*La Gazette de l'Est*, 28 janvier 1883.)

On annonce la mort de M. le baron P. Guerrier de Dumast, survenue vendredi dans la matinée. M. de Dumast était âgé de quatre-vingt-six ans. La ville de Nancy perd en lui un de ses enfants les plus dévoués, les plus actifs, les plus intelligents, un de ceux à qui elle doit le plus.

M. de Dumast avait débuté dans la carrière militaire et il avait fait, dans le corps de l'intendance, la campagne d'Espagne en 1823. Mais ses goûts l'attiraient vers la littérature ; il quitta l'armée et se retira à Nancy où il s'adonna tout entier à l'étude. Esprit très distingué, excessivement ouvert, M. de Dumast ne reculait devant aucune initiative : avec MM. E. Burnouf et Leupol, il travailla beaucoup à l'extension de l'étude des langues hindoues et fut un des principaux fondateurs de la Société asiatique de Paris.

Il était membre de toutes les sociétés d'études de Nancy ; l'Académie de Stanislas l'avait élu plusieurs fois président, et il y a quelques années, alors que la vieillesse lui rendit plus difficile la participation soutenue aux travaux de cette assemblée, elle lui avait conféré le titre de président d'honneur, à vie. La Société lorraine d'acclimatation, disparue depuis la guerre, l'avait compté parmi ses membres les plus actifs ; c'est en cette qualité qu'il introduisit à Nancy la vente de la viande de cheval comme comestible.

Membre de la Société d'archéologie lorraine, il a publié de nombreux travaux sur sa province et sa ville natales, pour lesquelles il avait une affection sans bornes.

En 1852, il s'occupa avec un énergique dévouement du rétablissement de l'enseignement supérieur à Nancy et on peut dire que l'Université nancéienne lui doit sa reconstitution : il obtint d'abord la création des Facultés des lettres et des sciences ; en 1864 la Faculté de droit, et, plus tard, en 1871, il plaida chaleureusement encore la cause de Nancy pour la translation de la Faculté de médecine de Strasbourg. Ses nombreuses relations dans le monde savant de la capitale — il était correspondant de l'Institut depuis 1863 — ne furent pas sans influence sur l'issue, heureuse pour notre ville, de ses efforts.

La seule chose dont M. de Dumast s'occupait peu ou point, c'est la politique ; aussi la vénération et la reconnaissance dont il était l'objet à Nancy sont générales ;

vraiment religieux, mais d'une libérale tolérance, il témoignait sa sympathie à toutes les intelligences et il était digne, à ce point de vue encore, du profond respect de tous. M. de Dumast était un homme ; sa famille, à laquelle nous présentons l'hommage de nos sincères et respectueuses condoléances, et ses concitoyens font en lui une perte qui sera douloureusement ressentie.

(*Le Courrier de Meurthe-et-Moselle*, 28-29 janvier 1883.)

Le lundi 29, jour des obsèques, une assistance très considérable s'est rendue dès neuf heures à l'hôtel de la Carrière et a défilé devant le cercueil où reposaient les restes du savant homme de bien dont la Lorraine pleure la perte.

Le deuil était conduit par M. le baron Guerrier de Dumast, conservateur des forêts, fils du défunt, accompagné de ses trois fils.

La cérémonie religieuse a eu lieu à la Basilique Saint-Epvre, d'où, après l'absoute donnée, en l'absence de Mgr l'Évêque de Nancy, par M. le premier vicaire général Jambois, on s'est rendu au cimetière de Préville.

Les cordons du poêle étaient tenus par MM. Volland, maire de Nancy; Mourin, recteur de l'Académie ; de Guerle, président de l'Académie de Stanislas, et Lepage, président de la Société d'archéologie lorraine. Un piquet d'infanterie rendait les honneurs funèbres au défunt qui était chevalier de la Légion d'honneur et dont les nombreuses décorations étaient portées sur un coussin, derrière le char.

Sur la tombe, Mgr Trouillet a dit un adieu ému à son cher et éminent paroissien, le remerciant de l'édification qu'il n'avait cessé de donner depuis cinquante ans sur sa paroisse et exprimant la ferme confiance de le retrouver bientôt dans un monde meilleur.

Après lui, M. le Maire, au nom de la ville de Nancy; M. le Recteur, au nom de l'Université; M. de Guerle, au nom de l'Académie de Stanislas; M. Lepage, au nom de la Société d'archéologie, et M. Pérot, au nom de la Société de secours aux blessés, ont dit successivement adieu à leur savant compatriote et collègue.

(*Journal de la Meurthe et des Vosges* et *Courrier de Meurthe-et-Moselle*, du 30 janvier 1883.)

Discours prononcé par M. Volland, maire de Nancy :

MESSIEURS,

C'est pour moi un impérieux devoir en même temps qu'un insigne honneur de venir, comme maire, au nom de mes concitoyens, rendre un dernier et solennel hommage à l'homme éminent qui vient de s'éteindre, chargé d'années, entouré de tant de respect.

Certes jamais, il m'appartient de le proclamer, jamais, par aucun de ses fils, la ville de Nancy n'a été aimée avec plus de passion, servie avec plus de dévouement, aidée avec plus de puissance. Jamais donc la gratitude de tous n'eut à s'affirmer d'une façon plus pressante, et en en apportant ici le public témoignage en des termes que je voudrais moins faibles, j'ai conscience que je suis, sans distinction d'opinions, vraiment l'interprète de la cité tout entière.

La génération actuelle n'a pu, comme d'autres, saisir sur le vif, en sa pleine action, cette existence si remplie, éprouver cette foi patriotique si sincère et si active ; mais du moins elle savait, et nous pouvons sans crainte confier à sa piété le soin de ne pas l'oublier, que, dans l'hôtel de la place Carrière, au cœur même de nos plus chers monuments, il y avait, vaincu, hélas ! par les souffrances et par l'âge, mais veillant assidûment sur elle, sur ses travaux, sur sa prospérité matérielle et morale, un vieillard au cœur généreux, à l'âme toujours vigoureuse, un sage élevé par la méditation et l'étude au-dessus des misères de nos querelles de chaque jour, déjà pour ainsi dire transfiguré par la pénombre de cette studieuse retraite et en qui la vénération de tous aimait à voir un génie tutélaire de la cité.

Depuis vingt ans environ, Nancy s'est transformée avec une rapidité qui frappe tous les yeux. Elle est devenue le centre des grands intérêts de toute la région. Elle a la légitime ambition et le devoir de ne rester étrangère à aucun. Des événements de tous genres ont sans doute aidé à ce mouvement, mais à l'origine il y a eu une mise en train nécessaire, il a fallu un initiateur. C'est à M. de Dumast qu'en restera l'éternel honneur. Le premier, il a entrepris de nous montrer un monde inconnu et de découvrir Nancy aux Nancéiens. Il ne pouvait admettre que Nancy, qui avait soutenu avec tant d'éclat le poids de sa couronne ducale, nourri tant d'hommes illustres en tous genres, restât éternellement une ville aux rues herbeuses et désertes, sans renom et sans gloire. Chaque fois qu'il foule la terre lorraine, il la salue avec le poète :

> *Salve magna parens frugum saturnia tellus*
> *Magna virum.*

Cette foi ardente en notre avenir, il la communique partout autour de lui. Nancy n'a qu'à vouloir pour pouvoir : voilà sa maxime sans cesse répétée. Rendre à l'ancienne capitale de la Lorraine, loin autour d'elle et par elle, une grande et légitime influence : voilà l'œuvre vraiment pieuse à laquelle il a voué ses forces, l'œuvre dont le souvenir ne doit pas périr et qui fait le relief de sa vie.

Certain que la situation géographique de Nancy, dont, avec une rare perspicacité, il entrevoyait toutes les ressources que l'avenir a su en tirer, lui assurait une prospérité matérielle inévitable, il tourna sans relâche ses efforts vers un but plus élevé, rendant ou donnant la vie à nos sociétés savantes, invoquant la foi des traités, le besoin des populations, parvenant enfin à reconstituer ici un foyer brillant de lumière et le centre d'enseignements dont nous avons le droit de nous enorgueillir et le devoir d'accroître sans cesse l'importance. Certains lui ont reproché de remuer trop facilement d'anciens souvenirs et d'évoquer d'une façon imprudente celui de la nationalité lorraine. Le reproche ne pouvait atteindre son patriotisme éprouvé. Loin de lui, à coup sûr, la pensée impie de ressusciter une nationalité à tout jamais éteinte sous les cendres de l'histoire ; il pensait, au contraire, que c'était faire œuvre de bon Français que de rendre à l'un des membres les plus sains de la patrie française toute sa vigueur native et qu'une nation ne grandit que si toutes les parties qui la constituent y ajoutent, comme première mise de fonds, une valeur individuelle.

Plus tard, les cruels événements de 1870 ont bien fait voir la sagesse de ses prévisions, et dans la mesure du possible, Nancy était, grâce à lui, en situation d'offrir à l'Université de Strasbourg un asile digne d'elle et de la France. Grâce à l'initiative dont M. de Dumast avait su faire preuve, nous pouvions, sans délai, reconstituer à deux pas de la frontière, en face de la science allemande, un centre profondément français de travail et de science. La France pouvait confier sans crainte à nos mains lorraines une partie de son renom.

Ainsi, dans cette vie faite de travail, de patriotisme, pas une ombre pour en ternir la pureté sans mélange, et je ne sache pas de patrimoine d'honneur plus enviable que le nom laissé aux siens par celui qui va dormir ici l'éternel sommeil et qui, durant sa vie, sut être tout ensemble le plus pieux des Lorrains, le citoyen le plus constamment utile à sa ville, le plus patriotiquement dévoué à son pays[1].

Comme recteur de l'Académie, M. Mourin, dans une heureuse improvisation, est venu rappeler les démarches fécondes de l'*ambassade*

1. Ce discours a été reproduit dans le *Bulletin administratif de la ville de Nancy*, 1883, n° 1.

fameuse d'avril 1852, à la tête de laquelle se trouvait M. de Dumast qui fut assez éloquent pour obtenir l'exécution de traités que l'on croyait périmés et pour faire rendre à Nancy ses *quatre Facultés ;* puis, au nom de l'Université et en terminant, il a offert un juste tribut d'hommages à celui qui mérite d'être appelé *le second restaurateur de l'Université lorraine.*

Discours prononcé par M. de Guerle, président de l'Académie de Stanislas :

MESSIEURS,

Il y a cinquante ans, votre pays avait pour ainsi dire oublié son histoire. Sa réunion à la France s'était confondue dans les souvenirs avec les agitations de la Révolution française, et le salut de la patrie commune arrachée à l'invasion étrangère avait tempéré l'amertume de sa propre défaite. Quelques amis fidèles des choses passées s'éteignaient dans l'ombre, et des vieillards détournaient les yeux en traversant cette place magnifique où la statue de Stanislas, remplaçant celle de Louis XV, ne les consolait pas de n'avoir plus au milieu d'eux les petits-fils de Léopold ; mais ils semblaient parmi vous les débris d'un autre âge : on se découvrait devant eux sans les comprendre. Ils étaient devenus plus étrangers à leur pays que ses nouveaux maîtres.

Si la Lorraine a repris sur l'oubli tout son passé, si ses antiques emblèmes sont devenus inséparables des couleurs nationales, si Nancy a désormais la conscience de sa force et de son avenir, si elle est et veut demeurer la capitale de l'Est, elle doit surtout cette régénération de l'esprit lorrain à l'homme éminent que Dieu vient de rappeler à lui, mais dont le souvenir doit durer à jamais parmi vous. Devant cette tombe qui va se fermer, tout sans doute n'est que néant et vanité et l'humble chrétien dont le corps reposera sous cette pierre n'apportera devant son Créateur que le souvenir du bien qu'il a fait. Mais ceux qui lui survivent ont le devoir de rappeler aux générations nouvelles ce que peut pour l'honneur d'un pays un grand cœur aidé par un vaillant esprit.

Une voix plus autorisée que la mienne vient de vous dire ce que Nancy doit à M. le baron de Dumast; mais combien il est à regretter qu'une parole véritablement lorraine ne vienne pas vous apporter ici un écho moins affaibli des regrets de cette Académie de Stanislas qu'il a tant aimée, dont l'honneur et les traditions étaient son plus cher souci. Lorsque l'âge et les infirmités l'avaient pour jamais éloigné de ses séances, qu'il avait si exactement suivies depuis soixante ans, l'Académie avait cherché pour cette fidélité exceptionnelle, rehaussée par d'éclatants services, un titre aussi exceptionnel, et l'avait nommé à perpétuité son président d'honneur ; mais il était demeuré comme l'âme vivante et l'invisible président de la compagnie. On ne pouvait penser à rien de ce qui intéressait ses traditions et son avenir sans se demander quel serait l'avis de M. de Dumast. On le cherchait à cette place qu'il avait si brillamment remplie;

on le consultait et on le trouvait toujours informé des moindres détails de ses séances, au courant de toutes ses délibérations, de toutes ses lectures. Longtemps on s'étonnera parmi nous de ce qu'il manque quelque chose à la vie de la compagnie : c'est qu'elle ne sera plus soutenue par l'encouragement et l'autorité de cette voix qui aurait prévenu jusqu'à la pensée d'une dissidence, si cette pensée n'était pas si étrangère à ses usages. Personne ne se flattera de faire oublier M. de Dumast, heureux si on peut du moins le remplacer.

Énumérer les travaux dont il a enrichi ses annales, ce serait pour ainsi dire faire l'histoire même de l'Académie depuis 1817. Aussi bien, cette parole ardente portait plus loin que l'étroite enceinte d'une société savante. Cette âme ouverte à toutes les aspirations généreuses, cet esprit souple, varié, universel, ce cœur si large, si sympathique avaient un rayonnement fait pour éclairer de plus lointains horizons. Celui qui parle ici n'a eu l'honneur de connaître M. de Dumast que lorsqu'il portait déjà le poids de nombreuses années ; mais la flamme intérieure animait encore en lui cette frêle enveloppe du corps contre laquelle la mort essayait depuis longtemps ses assauts, et il suffisait de l'entendre une fois pour se convaincre qu'on ne saurait pour ainsi dire rien de cet apostolat intellectuel de plus de soixante ans, si on se contentait de lire tant de livres dont les titres sont dans toutes les mémoires. Comme tous les hommes dont le cœur égale l'esprit, il était infiniment supérieur à son œuvre. Ce n'est pas, en effet, seulement parce que M. de Dumast, épris de toutes les curiosités de l'esprit, passionné pour toutes les causes généreuses, quittait les études les plus abstraites pour chanter en vers que des juges compétents mettaient auprès des *Messéniennes,* les luttes héroïques de la Grèce renaissante ; ce n'est pas parce que, devançant ceux qui sont devenus les maîtres de l'érudition moderne dans des voies que son impatience de découvertes nouvelles l'empêchait de suivre jusqu'au bout, il fondait, dès 1822, la Société asiatique de Paris ; ce n'est pas parce que sa renommée précoce le faisait appeler, à l'âge où l'on est encore sur les bancs de l'école, dans un grand nombre de sociétés savantes et, dès 1817, à l'Académie de Stanislas, que M. de Dumast laissera une renommée durable parmi vous. Enfin ce n'est pas ce titre si recherché de correspondant de l'Institut de France venant couronner cette brillante carrière, ni les distinctions de toute sorte qui sont venues le chercher, qui ont fait de M. de Dumast l'honneur et la parure de la société dans laquelle il a vécu. Non ; si son souvenir reste si vivant parmi vous, c'est parce que ce causeur incomparable a laissé dans l'esprit de tous ceux qui l'ont approché une empreinte ineffaçable, c'est parce que beaucoup de ceux qui m'écoutent savent bien qu'ils lui doivent le meilleur et le plus pur de leur patrimoine intellectuel. Ce que cette éloquente parole tempérée par une exquise urbanité ; ce que cette activité merveilleuse de l'esprit soutenue par une mémoire sans défaillances ont éveillé de nobles ardeurs intellectuelles ; ce que cette foi chrétienne si sincère unie à tant de tolérance pour les opinions, éprise de tous les nobles labeurs de la pensée moderne, a formé de cœurs vaillants et d'intelligences éclairées, ceux-là seuls peuvent le dire qui ont longtemps vécu à ses côtés et qui savent le nombre de ses précieuses conquêtes.

Mais ce qu'il faut dire surtout aujourd'hui, parce que ce qui fait le prix de la vie devant Dieu est vite oublié parmi les hommes, c'est que cette maitrise de l'intelligence s'exerçait avant tout sur les cœurs. M. de Dumast n'était pas seulement un homme plein de bonté : il était la bonté même. Ceux qui pleurent en lui un ami, encore plus qu'un concitoyen illustre, pourront vous dire combien cet homme passionné et généreux a été aussi doux et humble de cœur ; combien, avec toutes les autres charités, il a exercé la plus difficile de toutes, la charité de l'esprit, allant comme au-devant des objections timides pour leur donner toute leur valeur, et, dans son désir de la plus stricte équité, plaidant presque la cause de son adversaire, sachant s'indigner contre le mal mais ne voyant nulle part des méchants, pleurant sur les déchéances intellectuelles qu'il ne voulait jamais croire irrévocables, bienveillant, j'allais presque dire coquet, pour la jeunesse dont il se sentait si près par l'ardeur et la soudaineté de ses impressions, digne en un mot de tenir ce sceptre intellectuel dont il faisait aimer la loi aux plus rebelles. C'est que cet esprit si souple, si varié, si sûr de ses lignes principales au milieu de ses grandes pérégrinations au dehors, ce linguiste qui avait devancé les découvertes de notre âge dans la science des origines, cet historien des gloires lorraines, cet archéologue pénétrant, ce savant que Humboldt, qui fut son ami, ne prenait jamais au dépourvu, était avant tout un poète, que rien n'avait désillusionné de la poésie. Il en parlait d'abondance la langue vive et colorée. Quand sa pensée mûrie avait plus que jamais mêlé les préoccupations du monde d'au delà aux intérêts d'ici-bas, il avait voulu faire passer les psaumes du Roi-prophète dans la langue de Racine, et cette tâche immense, qu'il accomplit avec succès, ne l'avait pas un instant rebuté; enfin, quand ses mains défaillantes ne pouvaient plus tenir les livres aimés, quand ses yeux éteints ne discernaient plus rien du monde extérieur, l'œil intérieur lui peignait encore des plus vives couleurs le rêve de la vie, et ses pensées si hautes, si détachées des choses d'ici-bas, prenaient encore la forme inséparable de la fraicheur juvénile des impressions.

N'y avait-il pas d'ailleurs quelque chose du poète dans l'ardeur avec laquelle il abordait les recherches de l'érudition? Il ne connaissait pas cette froide analyse qui compare les textes, rejette les conjectures trop hardies, renonce aux plus chères illusions de l'esprit. Son imagination si vive embrassait pour ainsi dire d'avance la vérité entrevue. Il s'y attachait avec cette ténacité naïve qui ne veut pas qu'on retranche rien des histoires et des légendes chéries. Mais il saisissait avec une rare sûreté de vue les caractères généraux de l'histoire; il emportait la vérité de haute lutte. Il était d'ailleurs, aussi, quand il le voulait, un conquérant dans le domaine des réalités; il y apportait toute la vigueur que donne la bonne foi et la sincérité de la conviction. Longtemps conseiller municipal de votre ville, il connaissait aussi bien ce qui lui était nécessaire dans le présent que ce qui l'avait illustrée dans le passé. Il savait bien que la renommée des lettres et des arts est la couronne naturelle d'une cité telle que la vôtre; il voulait lui assurer la supériorité durable que donne le gouvernement des esprits. Si la postérité est juste, elle dira que c'est à lui que Nancy doit son Académie complète avec ses quatre Facultés. Il s'était cru un instant en Angleterre et, la vieille charte des libertés lorraines à la main, il réclamait des pouvoirs publics l'exécution des clauses d'un traité sur lequel une révolution avait passé; mais, si la signature du Roi de France était protestée par les pouvoirs nouveaux, ce qui était bien vivant, c'était cette ardeur généreuse qu'aucun obstacle ne rebutait et qui prouvait que cette ville de Nancy, où M. de Dumast était né, sans être d'origine lorraine, demeurait digne de devenir un des centres de l'esprit français, puisqu'elle savait faire valoir ses titres par de tels représentants. On avait pu sourire, mais on était vaincu.

Voilà, Messieurs, ce qu'a voulu, ce qu'a accompli votre éminent concitoyen.

Quelque chose aurait manqué à cette large expérience de la vie, si M. de Dumast n'avait pas abordé, par quelque côté, les travaux de la vie publique. Entré dans le Commissariat des guerres à dix-sept ans, il avait assisté aux désastres de nos armées; mais il avait assez vécu auprès de ses chefs illustres pour saisir le secret de leurs triomphes encore si récents. Quand le Commissariat des guerres était devenu l'Intendance militaire, il avait suivi les phases diverses de cette transformation. En France, en Espagne, il avait mûri l'éducation pratique que sa vive intelligence s'était si vite assimilée. Il en avait rapporté le respect profond de cette grande unité administrative qui est la tradition et la force de notre société. Il y avait puisé surtout cet amour de l'unité nationale qui s'alliait si bien chez lui à la passion des gloires lorraines.

Nul, Messieurs, n'a été aussi bon Français que ce

Lorrain obstiné. La destinée devait lui demander à une heure fatale de signer ce traité d'alliance du plus pur de son sang. Un jour, au milieu des luttes naissantes d'une guerre impie, la première balle de la Commune frappait en pleine poitrine un fils adoré, digne comme celui qui m'écoute, du nom qu'il portait, et l'une des meilleures espérances de notre armée décimée. On a vu, ce jour-là, comme les Lorrains savent aimer la France, et ceux qui venaient consoler ce vieillard atteint dans ses plus chères affections peuvent dire que ce sont eux qui revenaient consolés par lui. La perte d'un autre fils, tué près de vingt ans avant devant Sébastopol, celle d'une compagne aimée n'avaient pas épuisé cette virile constance du chrétien qui se sait entre les mains de Dieu. Ce sont là de nobles, de rares exemples. Le nom de M. de Dumast restera justement honoré dans votre cité. Vos pères vous ont parlé de lui, vous parlerez de lui à vos enfants. Vous leur direz combien ce noble vieillard a aimé tout ce qui donne à la vie son véritable prix et vous ne leur laisserez pas oublier que jusqu'à son dernier souffle, à l'exemple de Lacordaire, son ami, il n'a jamais séparé ces deux termes de toute vérité et de tout progrès : Dieu et la liberté.

Discours prononcé par M. Lepage, président de la Société d'archéologie lorraine :

Messieurs,

Le confrère aimé et vénéré auquel nous rendons les derniers devoirs a eu le privilège d'être associé, durant plus d'un demi-siècle, à tout ce qui s'est fait au milieu de nous dans le domaine de l'intelligence. Il n'est guère d'institutions ayant pour objet les progrès de la science, à la fondation ou au développement desquelles il n'ait pris part.

Au nombre des fécondes initiatives dont sa ville natale lui est redevable, il faut compter l'établissement, dans l'ancien palais de nos ducs, d'un Musée où, suivant ses expressions, seraient rassemblées toutes les œuvres de pensée et d'art de l'ancienne nation lorraine. Cette idée s'est réalisée par la fondation de la Société d'archéologie, dont je me fais l'interprète en rendant hommage à la mémoire de notre érudit Secrétaire perpétuel, qu'entouraient une si haute estime, une si légitime considération.

Je n'essayerai pas de faire ici l'éloge de M. de Dumast : celui de l'homme privé est dans le cœur de toutes les personnes qui ont eu le bonheur de le connaître ; celui de l'écrivain, dans les productions aussi nombreuses que variées sorties de sa plume. Les écrits qu'il a consacrés à la Lorraine et à Nancy témoignent de l'affection passionnée qu'il portait à l'une et à l'autre, et qui s'est traduite par tant de pages éloquentes en vers et en prose.

Des critiques froids et sévères ont regretté cette admiration enthousiaste : peut-être lui a-t-elle fait voir plus d'une chose à travers le prisme de l'amour filial ; mais pouvons-nous lui en faire un reproche ? mieux vaut aimer trop son pays que ne pas assez l'aimer [1].

1. Ce discours a été inséré dans le numéro de février 1883 du *Journal de la Société d'archéologie lorraine.*

Discours prononcé par M. Pérot, président du Comité de Nancy de la Société de secours aux blessés militaires[1].

Messieurs,

C'est au nom de la Société française de secours aux blessés militaires que j'ai réclamé l'honneur de rappeler les services que lui a rendus l'homme éminent dont la perte cause un deuil universel.

A des voix éloquentes et autorisées a été réservé de dire ce que fut M. le baron de Dumast, de mettre en lumière tout ce qu'il a fait pour la patrie, pour notre province et notre cité, pour les sciences, les lettres et les arts ; à elles de constater son influence prépondérante sur les destinées intellectuelles de Nancy ; à elles, enfin, de proclamer ses vertus, le profond et sincère sentiment

1. Ce discours fut envoyé à M. le duc de Nemours, président général de la Société, qui en accusa réception à M. Pérot, dans la lettre suivante :

Paris, le 17 février 1883.

MONSIEUR LE PRÉSIDENT,

J'ai communiqué au Conseil la lettre que vous avez pris la peine de m'écrire pour m'informer de la mort de M. le baron Guerrier de Dumast, président honoraire du Comité de secours aux blessés militaires de Nancy. Je lui ai donné connaissance également des éloquentes paroles que vous avez prononcées aux funérailles de cet homme éminent à tant de titres.

Le Conseil n'avait pas oublié l'ardente et patriotique charité dont M. de Dumast avait fait preuve en 1870, à l'égard des blessés de la guerre ; il savait combien sa part fut grande dans l'organisation première de ce Comité nancéien, dont le dévouement n'a jamais cessé d'être un honneur pour la Société de secours. Il s'associe donc profondément à la douleur que vous a causée la mort de M. le baron de Dumast, comme aux sentiments de gratitude et de respect dus à sa mémoire et que vous avez si parfaitement traduits au nom de la Société entière.

Veuillez recevoir, etc.

Le Président, LOUIS D'ORLÉANS.

religieux qu'il unissait à une tolérance éclairée, la générosité de son âme, la puissante initiative et la fécondité persévérante de son esprit, la noblesse de son caractère, la facilité et la sûreté de son commerce. Pour moi, je dois me borner à le considérer dans ses rapports avec notre Société.

Son cœur, si largement ouvert à la charité et au patriotisme, comprit tout de suite la haute portée d'une société qui se propose pour mission, le soulagement des militaires blessés et malades; aussi, dès que des hommes généreux cherchèrent à l'organiser, il s'inscrivit parmi les premiers adhérents. Son zèle fut bientôt mis à l'épreuve ; au début de cette guerre dont les suites funestes lui ont ravi un fils, objet de tant d'espérances, et ont ravivé les douleurs, brûlantes encore, de la perte d'une jeune fille adorée et de celle d'un autre fils tué en combattant vaillamment devant Sébastopol, au début, dis-je, de la fatale guerre de 1870, ce fut au baron de Dumast que s'adressèrent les délégués envoyés en province par le Conseil central, pour provoquer l'organisation de services hospitaliers. Le Comité de Nancy, à l'improvisation duquel il prit une si grande part, le nomma son président et ce fut dans son hôtel que se tinrent les premières séances. Il sut alors, avec un tact parfait, une infatigable activité, une patriotique énergie, faire appel aux bonnes volontés, coordonner les dévouements, imprimer une direction habile et sûre aux efforts et aux sacrifices des personnes généreuses qui s'étaient groupées autour de lui, faire profiter l'œuvre de sa science administrative, de ses relations étendues, créer l'ambulance de l'École forestière avec l'aide de la noble et sainte compagne qui l'a précédé au ciel et de collaborateurs dévoués, distribuer les secours et, dédaignant de cruelles souffrances, payer de sa personne bien au delà de ce que ses forces lui permettaient. Il se mit à la tête de ce magnifique mouvement qui entraina à cette époque néfaste tant de nos concitoyens. Oui, Messieurs, ce fut un bien touchant spectacle, au milieu des horreurs que la guerre avait déchaînées sur nos malheureuses contrées, de voir l'élan sublime avec lequel les Nancéiens sacrifiaient les ressources matérielles et pécuniaires mises en réserve en prévision d'un avenir inconnu et menaçant pour soulager les douleurs de nos soldats blessés, adoucir les souffrances de ceux qui, prisonniers, quittaient, en longs convois, une patrie pour laquelle ils venaient de combattre et que beaucoup, hélas ! ne devaient plus revoir.

Dans ces circonstances douloureuses, le baron de Dumast tint le gouvernail de notre Comité, d'une main ferme et expérimentée tant que dura la tempête et ne résigna les fonctions qu'il avait remplies avec tant de supériorité que lorsque cessa le rôle actif des Comités de province. Il rendit compte alors de ce qui avait été fait et provoqua le renouvellement du bureau ainsi que l'affiliation à la grande Société française, du Comité nancéien à la tête duquel sa santé, soumise à de trop rudes épreuves, ne lui permettait plus de rester. D'une voix unanime, le Comité l'acclama son président honoraire : plus tard, le Conseil central de Paris l'admit au nombre de ses membres fondateurs.

Depuis cette époque, ses plus vives sympathies restèrent acquises à l'œuvre qu'il avait si puissamment contribué à fonder, et il ne cessa jamais de s'employer à la développer. Bien souvent, nous avons eu recours à lui pour résoudre les difficultés qui se présentaient; il nous accueillait toujours avec cette aimable bienveillance qui lui était naturelle et il aimait à nous entendre parler de ce Comité nancéien qui est son œuvre; plus d'une mesure que le succès a couronnée a été suggérée par cette expérience consommée, par cette profonde connaissance des hommes et des choses, par ce zèle ardent que les glaces de l'âge et les souffrances dont, depuis tant d'années, il ressentait si cruellement les atteintes, n'avaient pu ni refroidir, ni même modérer.

La Société de secours aux blessés militaires doit donc un très reconnaissant et très respectueux hommage au collaborateur dévoué et actif qui l'a si bien servie et si fort honorée, au vénérable et regretté baron de Dumast: c'est le pieux et douloureux devoir que je suis venu remplir sur sa tombe!

Dès avant les obsèques de M. de Dumast, et depuis, ont paru sur lui de remarquables articles qui font trop d'honneur à sa mémoire et à leurs auteurs pour que l'on ne s'empresse pas de leur donner place ici.

Les voici dans leur ordre de date :

M. LE BARON DE DUMAST ET NANCY.

A l'instant où la mort vient de frapper M. le baron P. Guerrier de Dumast, nous tenons à rendre à sa mémoire un légitime hommage et à rappeler, bien que très brièvement, à nos concitoyens, quelques-uns seulement des titres si nombreux qu'a à leur reconnaissance et à leur admiration l'un des plus brillants de leurs compatriotes et, à coup sûr, l'un des enfants de Nancy à qui la Ville doit le plus.

Doué d'une infatigable activité que n'arrêtèrent ni la maladie, ni les infirmités, possesseur de remarquables facultés, au premier rang desquelles était une prodigieuse mémoire, M. de Dumast, esprit large et libéral, sut, dès son entrée dans la vie active et durant tout le cours d'une carrière si remplie, mettre sa parole et sa plume au service de toutes les causes généreuses.

Laissant à d'autres le soin de raconter sa vie, je veux uniquement parler, dans ces tristes moments, de ce que fut M. le baron de Dumast pour Nancy. Je tiens à redire à la jeune génération qui ne doit qu'imparfaitement savoir ce que les anciens ne peuvent avoir oublié, que c'est à lui que la Ville doit de posséder aujourd'hui *les quatre Facultés*. C'est lui, en effet, simple habitant de Nancy, qui, délégué en 1852 par le Conseil municipal, alla réclamer à Paris, au Prince-Président, l'exécution de la parole de la France qui, en s'annexant la Lorraine en 1736, s'était engagée à conserver l'Université de Lorraine à Nancy. Le Président rétablit d'abord les Facultés des lettres et des sciences. C'était beaucoup : ce n'était pas assez pour M. de Dumast qui, revenant à l'assaut, combattant contre des difficultés sans cesse renaissantes et qui à d'autres eussent paru insurmontables, obtint enfin, en 1864, une Faculté de droit. Après la guerre, ce fut encore lui qui, luttant presque seul contre la ville de Lyon et la Faculté de médecine de Strasbourg, fit venir celle-ci (et bien malgré elle) dans ce Nancy qu'il avait tant à cœur de rendre digne de son surnom d'*Athènes du Nord*.

Lors du fatal incendie qui détruisit, en 1871, le Palais des ducs de Lorraine, ce fut M. le baron de Dumast qui, sur sa signature, obtint *cent mille francs* de Sa Majesté l'Empereur d'Autriche et *cent mille francs* du gouvernement français, pour aider à la reconstruction de cette antique et royale demeure où déjà, sur son initiative, on avait, quelques années auparavant, créé le *Musée lorrain.*

Après avoir coopéré à Paris à la fondation d'importantes sociétés, comme la Société asiatique, la Société philotechnique, etc., il contribua à fonder tour à tour, à Nancy, et soutint de sa plume féconde, ainsi que de sa puissante personnalité, soit des journaux comme l'*Avenir*, le *Courrier lorrain* et l'*Espérance*, soit de nombreuses sociétés répondant chacune à des besoins momentanés, mais réels : la *Société Foi et Lumières*, la *Société d'acclimatation du Nord-Est*, la *Société des études américaines*, etc., etc. Il donna un lustre et un éclat extrêmes à l'Académie de Stanislas, pendant les *cinquante* années qu'il en fut membre titulaire. En un mot, il fit tant pour le Nancy intellectuel, qu'en pleine Académie française, et sans qu'aucun des Quarante l'ait démenti, un des plus illustres parmi les Immortels put dire un jour : « *Nancy n'est pas une ville de province !* »

Dirai-je aussi les ouvrages que M. de Dumast publia pour ou sur sa chère Lorraine : *Nancy, histoire et tableau ; Les cent ans de la réunion de la Lorraine à la France ; Ce que fut jadis la Lorraine et ce qu'elle est encore ; La France et Nancy ; Couronne poétique de la Lorraine ; De la Vitalité intellectuelle de Nancy* ; etc., etc., tous écrits de valeur, empreints de la plus profonde érudition et du plus vaste savoir et qui, joints à ses nombreux et remarquables travaux poétiques et autres sur les langues orientales, la philosophie religieuse, les psaumes de David, la philologie, etc., lui ouvrirent, en 1863, les portes de l'Institut.

Que l'on n'aille pas croire, d'après ceci, que M. de

Dumast n'était qu'une célébrité *locale :* loin de là ! De Russie et d'Espagne, de Turquie et de Grèce, de Hollande et d'Autriche, de Danemark et d'Italie, etc., en un mot de tous les points du monde pensant, il reçut, à l'envi, pendant sa longue carrière, des témoignages d'estime et d'admiration qui se traduisaient toujours, sans qu'il ait jamais rien sollicité, par des diplômes ou par des croix.

Si donc la France et l'Europe surent décerner à M. de Dumast les justes récompenses dues à son mérite, à ses écrits et à ses actes, ne semble-t-il pas tout au moins convenable que Nancy, à son tour, fasse quelque chose pour lui ? Toute la population intelligente de la ville applaudirait, j'en suis sûr, à la délibération du Conseil municipal qui donnerait à la rue des Tiercelins, où est né cet enfant de Nancy, le nom de celui qui, simple citoyen et d'une façon si désintéressée, a tant, si longtemps et si bien travaillé pour sa Mère chérie ?

(*L'Espérance, Courrier de Nancy*, 28 janvier 1883.)

M. DE DUMAST.

La lutte [1] qui marqua notre politique à l'intérieur durant la période s'étendant de la fin du premier Empire à la révolution de Juillet, et d'où sont définitivement sortis les deux grands partis entre lesquels est ballottée depuis un demi-siècle la bonne et la mauvaise fortune du pays, a eu pour effet de développer chez certains esprits indépendants et modérés un genre de libéralisme désintéressé, presque abstrait, se rattachant par sa forme aux traditions aristocratiques de la fin du dernier siècle et appartenant par le fond de ses idées et de ses tendances aux principes de la démocratie moderne. C'est dans ce groupe de spéculatifs qu'était venu prendre rang l'homme éminent qui vient de s'éteindre à Nancy.

Il n'ignorait pas qu'il ne pouvait y avoir place pour lui au banquet de la vie politique, mais il n'en avait cure; et je ne sache pas que, dans une existence qui fut

1. Cette notice, d'abord parue dans le *Journal de la Meurthe et des Vosges* (numéro du 28 janvier), puis en brochure, est due à l'un des meilleurs et des plus fidèles amis de M. de Dumast.

longue, il ait jamais dépensé pour une cause personnelle la moindre parcelle de sa merveilleuse activité. Rejeté, comme les quelques rares esprits qui consentent à tout sacrifier à la modération de leurs idées, dans la vie privée, il y déploya au service de ce que l'on croit à tort être les petites causes, l'énergie et la vitalité d'une intelligence qui voyait bien au delà du but prochain qu'elle semblait uniquement poursuivre. Dans le cercle restreint où il s'était volontairement confiné, il jeta les fondements d'une société d'éclaireurs politiques qui, malgré l'écart bientôt établi entre elles et les tendances du jour, a laissé des germes qui ne seront pas sans fruit. Il est permis d'affirmer que ce que l'on a appelé l'*École de Nancy*, bien qu'il soit demeuré étranger à ses travaux, a été, dans ses essais d'adaptation des principes de décentralisation modérée aux idées libérales, l'écho plus ou moins inconscient des enseignements dont il s'était depuis trente ans constitué l'infatigable vulgarisateur.

Plus de vingt ans avant l'apparition de *Varia*, une réunion périodique, dont il fut le principal inspirateur, avait été, à travers les préoccupations trop exclusives de ses membres, une tentative franchement libérale; et, sans prétendre établir aucun lien de descendance directe, il ne serait pas malaisé de trouver plus d'un trait de réelle parenté entre deux œuvres bien différentes en apparence. Singulière, mais généreuse audace que celle de cette petite cohorte de penseurs qui ne craignent pas d'inscrire au front de leur association ces deux mots si pleins de luttes et de controverses redoutables : FOI ET LUMIÈRES ! Renfermés dans les limites d'un sermon de Carême, ils auraient pu servir de texte à l'éloquence de quelque Massillon romantique ; mais, appliqués à des réunions périodiques, ils devenaient nécessairement pour elles une cause de faiblesse et de prompte déchéance. Je crois bien qu'au fond, les auteurs, très convaincus des principes dont ils avaient pris en mains la défense, l'étaient beaucoup moins du succès final de l'entreprise. Mais ils ne pensaient pas faire une œuvre inutile en suscitant sur ces matières délicates l'esprit de controverse libérale.

Notre compatriote, d'ailleurs, gardait encore l'empreinte du milieu parisien et enthousiaste où s'était écoulée sa jeunesse, et il était naturel qu'elle se réfléchît dans la forme nouvelle que lui imposaient les circonstances. Lui aussi, il avait eu son jour de combat et de gloire dans la mêlée romantique du temps. Il avait pris sa part de l'élan lyrique provoqué par ce qu'on appelait alors la renaissance hellénique ; et, dans un poème[1] auquel un critique autorisé, Dussault, je crois, décerna la palme (et cela en face des *Messéniennes*), il chanta en beaux vers les héros de Lépante et de Missolonghi. Enlevé violemment à ce monde parisien et aux instincts de poésie vers lesquels le portait son âme impressionnable, il apporta dans les affaires de ce monde un peu de cet enthousiasme des jeunes années, moins nuisible qu'on ne pourrait le croire, surtout lorsqu'il a pour correctif un libéralisme véritable et la modération dans les idées.

Il ne fallait rien moins, on en conviendra, qu'un esprit jeune, ardent et doué d'initiative pour réussir dans

1. *Chios, la Grèce et l'Europe*. Paris, 1822 ; in-8°.

ce qui semble avoir été sa mission, c'est-à-dire pour réveiller de l'atonie où elle était tombée depuis sa réunion définitive à la France, l'ancienne capitale des pays lorrains. Que l'on considère, pour se rendre compte de l'énergie du mouvement imprimé, non seulement la série des progrès accomplis depuis un demi-siècle dans l'ensemble des institutions locales qui sont la marque de la vie individuelle de toute cité de quelque importance, mais surtout la somme d'activité et d'efforts qu'il a fallu mettre en œuvre pour emporter de haute lutte l'ensemble des grands établissements universitaires qui redonnaient à la ville, privée de son sceptre, une situation analogue à celle qu'elle possédait autrefois en regard des nations voisines.

Amis, indifférents ou adversaires le suivirent bon gré mal gré dans cette campagne, qu'il mena à bonne fin à l'aide de deux auxiliaires puissants : l'amour entêté du bien public, qui lasse le courage de l'adversaire le plus résolu et oblige l'indifférence même à sortir de ses retranchements ; et le mépris le plus absolu du ridicule, qualité si nécessaire dans un pays où la terreur qu'il inspire paralyse parfois les plus nobles intelligences. Il se faisait des armes de ce que la prudence vulgaire eût repoussé comme puéril, compromettant et même dangereux. Réunions publiques ou privées, lettres, discours, brochures, conversations..., tout lui était bon, tout était pour lui occasion de développer et d'accroître la notoriété de l'idée dont il voulait amener la réalisation. Et il put se convaincre enfin de l'unanimité de l'opinion le jour où elle lui fit hommage de la médaille commémorative qui consacrait à la fois le souvenir de ce grand événement et l'initiative de celui qui en avait été le hardi promoteur.

Cette surprenante activité ne faisait cependant que satisfaire en lui le besoin qu'éprouve chacun de nous de prendre sa part de la responsabilité et du travail communs. Il ne se laissa jamais ni déborder ni absorber. Le moment venu, et pendant les fugitifs loisirs qu'il dérobait aux affaires, il revenait sans effort aux études qui avaient fait le charme de ses jeunes années. Oublieux alors des travaux et des luttes de la veille, l'homme de lettres, l'écrivain reprenait ses droits. Seulement l'imagination pure avait chez lui cédé la place à des conceptions dont les conclusions pratiques étaient plus en rapport avec la situation que lui avaient faite les circonstances. Chaque question politique, littéraire ou scientifique devenait l'occasion et l'objet de monographies plus ou moins étendues. Certaines études spéciales, parfois mal comprises par ceux qui s'étaient donné mission de les juger, — telles que l'ensemble des morceaux épisodiques relatifs à l'histoire de Lorraine et à son développement philosophique, — devinrent sous sa plume, en présence des fautes qui blessaient ses regards, autant de pamphlets politiques qui avaient le double mérite d'échapper par leur origine à toute apparence agressive et d'enlever à ceux qu'ils frappaient tout prétexte de plainte ou de griefs personnels. La Lorraine apparaissait ainsi comme une sorte de Salente historique, à laquelle l'imagination de l'auteur avait bien pu prêter son idéal sans ôter à ses traits leur empreinte véritable et originelle.

La poésie elle-même revenait à ses heures. En dehors

d'un nombre considérable de pièces fugitives, — souvenirs de jeunesse ou fantaisie du moment, — il concentra toute sa verve sur une œuvre dont l'importance n'avait rien qui la rendit incompatible avec les exigences d'une vie active et militante. Il entreprit de faire passer dans notre langue poétique, non plus, comme l'avaient fait ses devanciers, quelques hymnes détachés, mais le corps entier des chants sacrés attribués au Roi-poète. Par sa diversité même, cette vaste composition échappait à la nécessité d'une inspiration unique et continue; et il fut assez heureux, sans rien dérober de son temps aux affaires, pour mener jusqu'à sa fin l'œuvre la plus complète et la plus fidèle qui ait été tentée pour adapter au génie de notre langue l'ensemble des hymnes orientaux qui composent le Psautier.

Bornons ici cet examen sommaire qui peut suffire à donner une idée de la fécondité de l'écrivain et de l'activité du citoyen, et jetons, avant de nous éloigner, un rapide coup d'œil sur la physionomie trop peu connue de l'homme lui-même. Essayons de mettre en relief quelques-uns des traits de cet admirable esprit, qui, il y a peu de jours encore, charmait tous ceux qui l'approchaient par l'éclat de sa verve incomparable.

Il y aura peut-être désaccord ou divergence dans les jugements que l'on portera sur l'auteur; mais bien peu de ceux qui ont été admis dans son intimité, qui ont pris part à ces entretiens où chaque idée, chaque œuvre nouvelle, chaque fait de l'histoire contemporaine venait au jour le jour se soumettre à l'épreuve d'une critique fine et éclairée, toujours dégagée de l'esprit de parti et d'exclusion; bien peu de ceux, dis-je, qui ont connu l'homme, différeront dans la façon de le juger. On reconnaissait bien vite, en l'écoutant, que la parole, plus que le livre ou la brochure, était son élément véritable. Certaines tendances de son esprit, favorable à l'expression orale, nuisaient parfois aux qualités essentielles du style. Un scrupule excessif de clarté, par exemple, surchargeait sa pensée en l'affaiblissant. L'abus des notes et des parenthèses l'obscurcissait au lieu de l'éclairer, et il dépassait ainsi le but qu'il voulait atteindre : ces imperfections disparaissaient dans l'élan de l'improvisation ; et ce qu'il en restait devenait, au contraire, dans la familiarité de l'entretien, par l'intention dont il le soulignait, un charme de plus. Il appartenait, à n'en pas douter, à la grande race des éducateurs de l'humanité, à celle des Confucius et des Socrate, avec les différences que quelques milliers d'années ont apportées dans les formes de l'enseignement et du dialogue. Nous n'avons plus, hélas ! les loisirs de l'académie ; et le cosmopolitisme moderne a porté le coup mortel aux méthodes expectantes de l'antiquité. C'est ce que comprenait bien le maitre aimable et savant que nous venons de perdre. Il sentait que le temps pressait, que l'auditeur d'aujourd'hui ne serait plus celui de demain, et il se hâtait de déposer dans l'esprit du passant l'idée qu'il croyait être la bonne. S'il ne possédait pas, comme les maîtres antiques, la faculté de l'analyse appliquée à l'enseignement ; s'il n'avait pas l'art de susciter les esprits et d'y faire apparaître certaines vérités primordiales qui s'y trouvaient en germe, de les accoucher, en un mot, comme le disait plaisamment le sage d'Athènes, il se prêtait avec une grâce parfaite à ce que l'opération fût tentée sur lui-même. C'était au disciple désireux d'éclairer certains points restés obscurs, à diriger le maitre vers le but cherché, à arrêter au passage l'idée sur laquelle il passait trop rapidement, et qui, bientôt reprise, se débarrassait des formes un peu vagues de l'improvisation pour acquérir une précision et une netteté singulières.

Un trait de caractère bien rare aujourd'hui n'ajoutait pas peu à l'originalité et au charme de sa conversation. Il apportait à la défense des idées les plus modérées la passion, je dirais volontiers la fougue et l'emportement qu'une fausse logique croit être le propre des convictions extrêmes ; oubliant que, placée en face de deux opinions contraires, mais unies contre elle par une haine commune, la modération a le droit et le devoir d'opposer au sot entêtement de l'une et à la folle témérité de l'autre une égale et énergique résistance. La placidité vulgaire qu'on décore du nom de modération n'est le plus souvent que la résultante d'un certain équilibre de qualités médiocres qui tour à tour dérivent vers un optimisme banal ou vers un pessimisme trop facile. M. de Dumast savait éviter ces deux écueils, et les fautes qu'il voyait ne l'empêchaient pas de découvrir, à travers les ombres dont elles couvraient le présent, le point lumineux de l'avenir.

Cette esquisse, peut-être un peu longue, ne serait cependant pas complète si nous omettions de mentionner une qualité que son manque apparent de relief empêche ceux-là même qui en profitent d'estimer à sa juste valeur : je veux dire l'égalité d'humeur, ou mieux la sérénité de l'âme. Certes, c'est une rare et difficile vertu que celle qui, suspendant notre jugement, nous porte à ne nous prononcer sur notre prochain qu'avec la plus indulgente réserve. C'est à proprement parler, la vertu si justement désignée sous le nom de charité chrétienne et dont, hélas ! l'ardeur religieuse la plus vraie n'est pas toujours un sûr garant. Mais que dire de cette charité mille fois plus délicate qui nous donne la force de surmonter les aiguillons du mal moral comme du mal physique pour en dérober non pas seulement la vue, mais même la pensée à ceux qui nous entourent ! Notre regretté compatriote la possédait à un degré éminent, car il la puisait beaucoup moins dans les ressources d'un tempérament bien équilibré ou de l'orgueil stoïque, que dans la profondeur du sentiment religieux.

Atteint depuis quarante ans d'une maladie dont il n'ignorait pas l'issue fatale, il en épargna toujours le spectacle à sa famille et à ses amis. Et plus tard, lorsque le mal fut arrivé à son dernier période, lorsqu'une lente désorganisation vint assaillir son corps, lorsque la cécité, ce triste et redoutable avant-coureur de la nuit dernière, l'atteignit, il ne laissa paraitre ni trouble ni faiblesse. Replié sur lui-même sans pourtant s'absorber tout entier dans les pensées qui agitent l'âme chrétienne au jour des dernières épreuves, il savait, par une parole amie, consoler ceux qui veillaient auprès de lui, et, jusqu'au dernier jour, il se montra supérieur à la souffrance qui paraissait l'occuper beaucoup moins que la tâche pénible imposée à une famille et à des serviteurs dévoués.

M. DE DUMAST ET LA CHARTREUSE [1].

Dans les journaux de toute nuance et sur le bord de sa tombe, on a éloquemment et beaucoup parlé de M. de Dumast, des richesses de son esprit, de l'universalité de ses connaissances, de son ardent amour pour la Lorraine et surtout de ses initiatives heureuses au profit de Nancy qu'il a si magnifiquement doté. S'ils avaient eu le temps de pousser plus loin leurs recherches, les panégyristes auraient trouvé encore bien d'autres sujets de louanges, auxquels il n'a pas même été fait allusion.

Nous ne voulons aujourd'hui signaler qu'un seul oubli, que nous considérons comme très regrettable : car le fait qui n'a point été rappelé au public constitue pour M. de Dumast le plus grand honneur. Il s'agit de la conservation de la Chartreuse de Bosserville, l'un des plus remarquables monuments de l'ancienne architecture lorraine. Ce bel édifice, créé par le duc Charles IV, avait vu fuir ses paisibles religieux en 1790, et avait été vendu

1. Cet article a été reproduit dans le numéro du 11 février de la *Semaine religieuse, historique et littéraire de la Lorraine*.

comme propriété nationale. Ses nouveaux propriétaires le conservèrent jusqu'en 1834. Mais les dégradations se multipliaient, les ruines s'amoncelaient. Il eût fallu, pour l'entretenir et le réparer, des dépenses dont on ne pouvait songer à retirer l'intérêt. Il fut donc décidé que le monument tout entier serait démoli et rasé.

Déjà le marteau retentissait sourdement dans le vaste cloître, déjà la pioche avait fait tomber cinq cellules ; les autres allaient avoir leur tour. M. de Dumast est informé. Il n'y avait pas de temps à perdre. Il assemble ses amis, se concerte avec eux. La Chartreuse ne doit pas périr : il y va de l'honneur des catholiques, des artistes, de Nancy et de la Lorraine.

Mais ce n'était, certes, pas chose facile, quatre ans après la révolution de 1830, à une époque où les esprits étaient plutôt hostiles que favorables à la religion, où les ordres religieux surtout inspiraient encore de ridicules frayeurs. M. de Dumast prit sa plume élégante, pour aplanir le chemin, disposer l'opinion publique. Il jeta dans la mêlée un de ses humbles mais dévoués suivants. Leurs écrits, à tous deux, reçurent une immense publicité. Les auteurs firent valoir que Bosserville, ce monument si intéressant pour la religion, ne l'était pas moins au point de vue de l'histoire, de l'art, et même de l'ornement de la vallée de la Meurthe et des environs de Nancy. On concluait de là que tous les amis des souvenirs religieux et lorrains, tous les hommes d'intelligence et de cœur devaient apporter leur concours à l'œuvre de salut. Pour rassurer tout à fait le public indifférent ou peu bienveillamment disposé, on ajoutait que l'Ordre des Chartreux était le seul ordre ancien qui n'ait jamais eu besoin de réforme, et se trouve encore tel que saint Bruno l'a fondé.

Les esprits revinrent à de meilleures appréciations ; le calme se fit, et pendant que des souscriptions s'organisaient dans le pays et au dehors, de puissantes influences agirent près du Gouvernement qui donna son approbation.

La Chartreuse était sauvée et les Chartreux en reprenaient possession après 44 ans d'exil.

A une pétition de M. de Dumast, le roi Louis-Philippe répondit par un envoi de 2,000 fr. Il y eut des dons de 1,000, de 2,000, de 15,000, de 20,000 francs. De toutes parts, on voulut s'associer à l'Œuvre conservatrice et réparatrice de Bosserville. Mais quoique les concours les plus actifs n'aient pas manqué à M. de Dumast, ce n'en est pas moins à lui que revient l'honneur de cette belle et grande Œuvre, puisque c'est lui qui en a pris la première initiative et accepté la tâche la plus difficile. C'est ce que nous avons voulu rappeler à ceux qui peuvent l'avoir oublié ou ignoré.

(*L'Espérance, Courrier de Nancy*, 3 février 1883.)

M. P. G. DE DUMAST.

Toutes les opinions politiques, religieuses et philosophiques ont été représentées derrière le cercueil de M. de Dumast. De son vivant, M. de Dumast les accueillait toutes. Il avait son credo, mais il ne l'imposait à personne. Il comprenait qu'on ne fût pas de son avis en politique ou en religion. Pourvu qu'on eût à quelque degré le goût des choses de l'esprit, le culte de la science, l'amour de l'art, on était chez lui le bienvenu.

Ce libéralisme supérieur, cette bonne grâce souriante et large n'étaient pas seulement l'effet d'une nature franche et sympathique : c'était aussi l'application raisonnée d'un système bien conçu. M. de Dumast croyait que l'homme isolé est impuissant, que ce qu'il faut développer en lui, c'est l'esprit de sociabilité. Les religions restreignent souvent la charité à l'assistance matérielle. M. de Dumast pensait que nous devons tous nous entr'aider, de l'esprit comme de la bourse, que les bonnes idées mises en commun sont irrésistibles, qu'elles font balle, et emportent tout.

C'est ainsi qu'il avait derrière lui tout Nancy quand il entreprenait une de ces chaleureuses et fécondes campagnes qui avaient pour objet soit de nous rendre nos Facultés, soit de donner à nos sociétés savantes ou littéraires un éclat nouveau et une activité décuplée.

F. J.

(*Le Progrès de l'Est,* 30 janvier 1883.)

M. DE DUMAST LINGUISTE.

M. Guerrier de Dumast a été un de ces hommes supérieurs, de jour en jour plus rares, qui embrassent l'ensemble du savoir. Mais, s'il avait concentré sur la linguistique tout l'effort de sa puissance intellectuelle, il eût pris rang à côté des Bopp, des Burnouf, des Schleicher, des Whitney, des Bréal.

C'est en toute justice que je rends cet hommage à la mémoire de notre concitoyen.

Ayant été durant plus de trente ans l'un de ses élèves, j'allais dire l'un de ses amis, j'ai pu apprécier l'étonnante facilité avec laquelle il découvrait entre les mots des diverses langues d'une même famille ces rapports de filiation qui constituent le champ mouvant de l'étymologie, la sûreté des solutions qu'il donnait aux problèmes les plus ardus de la science du langage, sa promptitude à entrer dans les voies nouvellement frayées, enfin l'intérêt qu'il savait prendre aux faits de la science en apparence les plus minimes, à ceux-là même qui paraissaient être absolument étrangers au génie des langues dont il poursuivait de préférence l'étude.

La première passion scientifique de M. de Dumast avait été la botanique, cette science aimable au service de laquelle on sait que Schleicher a fait son stage de linguiste. La patiente étude du monde végétal fut pour le vaillant jeune homme une école excellente. Il y disciplina son esprit naturellement enclin à prendre toutes les libertés que se permettent les poètes, les philosophes et les artistes.

Son herbier grossissait à vue d'œil, quand les hasards de la guerre le conduisirent dans nos départements pyrénéens, où la langue basque excita sa curiosité. En très peu de temps, l'apprenti botaniste pénétra dans les profondeurs du mystérieux idiome plus avant qu'aucun des basquisants de la région. M. Vinson, aujourd'hui passé maitre dans la science euskarienne, à laquelle il a été initié par M. de Dumast lui-même, pourrait attester que la grammaire basque, demeurée malheureusement manuscrite, de notre illustre et regretté concitoyen ne le cède en rien aux travaux de Guillaume de Humboldt.

De retour à Paris, M. de Dumast s'éprit de la langue sanscrite, dont l'étude présentait alors des difficultés redoutables. C'était l'âge héroïque. Ceux qui ont lu, dans les *Fleurs de l'Inde,* sa double traduction de La *Mort de Iaznadate,* savent comment il y réussit. Mais, pour M. de Dumast, ce n'était point assez d'avoir acquis la maîtrise de cette langue incomparable, il voulut l'élever à la dignité de langue classique ; de là son grand mémoire sur l'*Orientalisme rendu classique dans la mesure de l'utile et du possible,* l'établissement d'un alphabet transcriptif, la fonte à Nancy d'un corps de caractères spéciaux, de là surtout la *Grammaire sanscrite,* le *Dictionnaire sanscrit-français,* le *Selectæ,* le *Jardin des racines sanscrites,* tous ouvrages publiés, dans notre ville, sous l'impulsion de M. de Dumast, par ses deux élèves et collaborateurs éminents : M. Leupol et M. Émile Burnouf. L'école de Nancy était créée et, à titre de bienvenue, elle donnait aux travailleurs un outillage méthodique dont la valeur n'a pas cessé d'être appréciée.

A l'étude du plus riche des idiomes indo-européens, M. de Dumast fit succéder celle de l'arabe littéraire, cette clé d'une grande civilisation que nos étroits préjugés nous portent à ne pas estimer assez. Des préjugés ! Ah ! M. Guerrier de Dumast n'en eut jamais ni contre un peuple, ni contre une forme de gouvernement, ni contre un homme. Dans le beau livre de l'*Émir Abd-el-Kader,* qu'il avait lu couramment sans le secours d'une traduction, il saluait avec respect l'œuvre d'un serviteur de Dieu.

Enfin, le 30 juin 1843, M. de Dumast lut à la Société *Foi et Lumières,* sur la question de l'unité des langues, un mémoire dont les conclusions s'imposent avec une autorité irrésistible, conclusions décisives et irréformables à l'encontre du monoglottisme de l'ancienne école. Cet important travail est la maîtresse pièce de l'œuvre linguistique de M. de Dumast. Chrétien convaincu et pratiquant, il a su rendre à Dieu ce qui est à Dieu, et à la science ce qui est à la science. Le mot par lequel le président de l'Académie de Stanislas a terminé son allocution funèbre sera d'une vérité saisissante pour tous ceux qui ont eu la joie et l'insigne honneur d'être admis dans l'intimité de M. le baron Guerrier de Dumast. Dieu et liberté ! Jusqu'au dernier jour, il est demeuré fidèle à cette noble devise et, quand se produisirent autour de lui tant de lamentables défaillances, il tint bon, sachant que la vérité reprend tôt ou tard son empire sur les hommes de bonne volonté.

Nancy, 4 février.

Lucien ADAM.

(*Progrès de l'Est,* 7 février 1883.)

M. GUERRIER DE DUMAST

ENVISAGÉ

AU POINT DE VUE RELIGIEUX[1]

MESSIEURS ET CHERS CONFRÈRES,

Mon intention n'était pas de prendre la parole en cette séance, afin de laisser toute la place au jeune président de Conférence qui doit nous entretenir d'une œuvre intéressante, et à M. le curé de Saint-Léon, dont nous avons eu déjà l'occasion d'entendre les excellents conseils.

Mais il me semble qu'il est de notre devoir à tous de ne pas laisser passer inaperçue, en assemblée plénière des Conférences de Saint-Vincent-de-Paul, la perte douloureuse que Nancy et ses Œuvres viennent de faire, il y a quinze jours. M. Guerrier de Dumast, membre honoraire de notre Société depuis sa fondation, il y a

1. Cette notice a été lue aux Conférences de Saint-Vincent-de-Paul de Nancy, le 14 février 1883.

quarante-quatre ans, a tenu une trop grande place dans la vie religieuse de notre cité et a, directement ou indirectement, exercé une trop heureuse influence sur notre existence, pour qu'un silence complet de notre part pût se justifier.

A d'autres de payer le tribut de reconnaissance qui lui est dû pour ses nombreuses et heureuses initiatives : Société d'archéologie, Musée Lorrain, Facultés, études du sanscrit, américanisme, acclimatation, travaux académiques, historiques, littéraires, linguistiques, glorification et réveil de l'esprit lorrain, etc., etc.

Nous, nous ne voulons voir aujourd'hui en M. Guerrier de Dumast que l'homme religieux, le catholique qui, le premier, à une époque difficile, incroyante, voltairienne, donna, sans ostentation comme sans respect humain, le noble exemple de la pratique publique des devoirs chrétiens, et qui, entraînant dans son orbite quelques jeunes gens de bonne volonté, les guida, les fortifia par ses conseils, ses encouragements, et devint ainsi l'instigateur, le promoteur réel d'un grand nombre des institutions que nous avons le bonheur de posséder aujourd'hui.

Pendant plus de soixante ans, M. de Dumast a vécu en chrétien actif ; il est mort en chrétien résigné. Mais, avant d'être arrivé à la vérité intégrale, jeune homme, il avait eu ses illusions. Très riche des qualités de l'esprit et du cœur, littérateur et poète (à vingt et un ans, des œuvres remarquées l'avaient déjà fait prendre place à l'Académie de Stanislas), vivant à Paris dans un monde où l'on s'occupait peu d'études religieuses, il se laissa entrainer dans une voie séduisante, mais trompeuse. Il lui sembla que la Franc-Maçonnerie était le dernier mot de tout[1], et il écrivit à sa louange un long et brillant poème, prologue lui-même d'un important ouvrage qu'il méditait, pour prouver que cette institution, condamnée par l'Église, était l'*Alpha* et l'*Oméga* de toutes choses.

Pour dire quels éloges enthousiastes partirent de toutes les loges maçonniques, quelle pluie de lettres de félicitations, de diplômes d'honneur, de médailles tombèrent sur le jeune poète, il faudrait de longues pages. Mais, dans son triomphe, l'auteur ne perdit pas la tête. Des études, consciencieusement faites, ne tardèrent pas à lui démontrer qu'il était à côté de la vérité. Dès lors, il abandonna courageusement ses rêves trompeurs et la voie mensongère où il venait de mettre le pied, pour rendre hommage au Dieu de l'Évangile.

Il n'en existait pas moins, de son imagination ardente et de sa plume, un poème appelé, par le fait même de la verve et du talent qu'il y avait mis, à produire de très fâcheuses impressions sur d'autres jeunes gens, moins studieux que lui et moins disposés à chercher la vérité et à s'y attacher résolûment. Sa conscience délicate lui faisait une loi de le retirer, autant que possible, des mains du public. Cette pensée l'accompagna toute sa vie, et c'est à prix d'or qu'il en faisait rechercher et racheter les exemplaires à Nancy, à Paris, en France et à l'étranger.

1. Disons cependant que, loin d'être ce qu'elle est devenue depuis, la franc-maçonnerie, à cette époque, n'était qu'une sorte de société de charité *laïque*, d'où l'idée de Dieu était bannie, il est vrai, mais où l'on s'occupait avant tout de philanthropie et de bonnes œuvres. D'ailleurs, presque tous les gens comme il faut d'alors, en faisaient partie. (*Note de la famille.*)

A une certaine époque, celui qui vous parle en ce moment s'occupait activement de la formation d'une bibliothèque lorraine. Il se trouvait ainsi en relations suivies avec une foule d'antiquaires et de libraires et au courant des ventes qui se faisaient dans un grand nombre de villes. Mission lui fut donnée de pousser à tous prix les rares exemplaires qui venaient en vente. Il réussit à s'en procurer, à longs intervalles, vingt ou trente exemplaires, au prix énorme de 30, 40 et 50 fr. chacun. Une fois en possession d'un volume, il s'empressait de le porter à son vaillant ami, qui, après en avoir remboursé le coût, le prenait délicatement avec les pincettes et, en chantonnant, le livrait joyeusement aux flammes. Héroïque sacrifice aux yeux de tous ceux qui connaissent la tendresse paternelle d'un auteur pour son livre !

Cependant 1830 était venu. L'irréligion était alors de mode. On traitait d'éteignoirs, de jésuites, tous ceux qui se montraient fidèles à la foi de leurs pères. C'étaient les cléricaux d'aujourd'hui. Il y avait bien encore, pour remplir leurs devoirs religieux, quelques artisans, quelques ouvriers. Mais, dans le monde lettré, vous n'eussiez pas trouvé dix hommes pour assister à une Grand'-Messe et s'agenouiller une fois l'an à la Table-Sainte. M. de Dumast, lui, n'hésita jamais dans l'accomplissement de ses devoirs de catholique et fut ce qu'il était déjà auparavant et ce qu'il fut depuis. De par la loi, les matinées des dimanches étaient presque invariablement consacrées à des exercices militaires et à des revues de gardes nationales. Cependant les fidèles voyaient arriver à la Grand'Messe paroissiale M. de Dumast en uniforme appuyer son fusil contre un pilier et prier, à deux genoux et de tout cœur, jusqu'à l'heure de l'appel. Il gagnait alors le lieu du rassemblement. En l'apercevant de loin avec son schako, forme boisseau, de mauvais plaisants se permettaient parfois quelques sots propos, mais, comme il avait à lui seul plus d'esprit que toute sa compagnie, il ne tardait pas à les mettre en déroute et à placer les rieurs de son côté, et des pelotons entiers se groupaient autour de lui pour l'entendre parler *de omni re scibili*. On l'écoutait avec curiosité, avec intérêt, avec admiration (car c'était un merveilleux causeur !), et les indifférents, les impies même arrivaient facilement à respecter l'homme qui savait défendre vaillamment ses convictions.

Entre temps, il enrichissait de remarquables articles les colonnes du *Courrier Lorrain* ; il publiait maints écrits sur le protestantisme, sur la liberté de l'enseignement et de la charité, sur la décentralisation, sur les questions religieuses et sociales, et réussisait à faire pénétrer dans les séances publiques et privées de l'Académie de Stanislas la note chrétienne qui jusqu'alors y avait rencontré peu d'écho.

En 1835, il se produisit dans notre ville, d'ordinaire si paisible, une vive agitation. Six cents pères de famille, considérant que sur 1,100 enfants privés de fortune, à qui l'éducation gratuite était accordée, 350 seulement la recevaient dans les écoles mutuelles et 750 dans les écoles des Frères, s'avisèrent de trouver mauvais que la majorité ne reçût de la ville ni subsides, ni locaux, et que la minorité absorbât tout ; ils adressèrent au Conseil municipal une pétition amiable et sans aigreur, où ils se bornaient à solliciter un régime désormais plus conforme aux libres vœux et aux droits égaux de *tous*. On leur répondit par de mauvaises raisons et des injures. Les esprits s'échauffèrent et des flots d'encre furent répandus. Les partisans des Frères furent traités d'ennemis de la monarchie et des institutions de Juillet, tout comme aujourd'hui on classe parmi les démolisseurs de la République les catholiques, qui veulent protéger l'âme de leurs enfants contre la funeste loi de 1882 et les manuels civiques de Paul Bert et Cie. M. de Dumast, toujours prêt à prendre parti pour la cause du droit et de la justice, descendit bravement dans l'arène et, dans deux écrits, réfuta éloquemment les arguments tout politiques que produisaient les adversaires des Frères.

Mais à quoi pouvaient servir les sages raisons de M. de Dumast, quand le journal *le Patriote* posait la question en ces termes de brutale franchise ?

« Oui, les uns ont tout et les autres rien, c'est vrai ; mais il faut que les choses continuent de marcher ainsi, et cette inégalité est précisément le régime le plus désirable. Oui, le peuple est porté pour les Frères, et c'est nous qui voulons l'en détourner. Mais son désir n'est rien à nos yeux ; car le peuple a besoin d'être éclairé, dirigé et nous devons rectifier son choix. Oui, les écoles des Frères, trop longtemps privées de secours fixes, pourront tomber à la fin ; mais qu'importe ? »

Les écoles des Frères ne sont point tombées grâce à la générosité de nos concitoyens, mais l'injustice a continué et continue encore aujourd'hui.

A propos de la défense des Frères, si vaillamment conduite par M. de Dumast, rappelons ici, quoique le fait ne se soit produit que dans l'automne de 1839, son long et laborieux voyage de Paris où il fut appelé, comme l'un des deux délégués du Conseil municipal de Nancy, pour soutenir les intérêts des hospices de cette ville contre les assertions erronées et les ruineuses exigences d'un principe administratif exagéré *dit* de bienfaisance publique. Ce principe, précurseur de la laïcisation moderne, se trouvait en opposition directe avec celui d'une charité bien entendue. M. de Dumast passa plusieurs mois à Paris, courant les Chambres et les Ministères, invoquant toutes les influences du jour et écrivant des mémoires d'une irréfutable logique. Mais ses héroïques efforts, dont l'étendue ne doit pas être mesurée à leur peu de succès, ne purent triompher du mauvais esprit des bureaucrates, et le projet de loi fut repoussé à la troisième lecture.

Revenons sur nos pas.

Vers la fin de 1834, une nouvelle désolante pour les catholiques et tous les Lorrains intelligents se répandit dans la ville. La Chartreuse de Bosserville, le plus bel ornement de la vallée de Nancy, se trouvait menacée de disparaître entièrement. Déjà on avait mis la pioche, et les matériaux du magnifique monument de Charles IV allaient être vendus aux entrepreneurs et bâtisseurs des environs. M. de Dumast, au point de vue historique, au point de vue artistique, au point de vue religieux, s'en émut. Suivi d'un de ses lieutenants les plus fidèles, il entra résolûment en campagne pour empêcher cette lamentable ruine. Ni démarches, ni lettres, ni imprimés, rien ne fut épargné, afin, comme nous l'avons raconté plus au long ailleurs [1], de secouer les esprits et d'exciter les sympathies : ce qui n'était pas chose facile en un temps si voisin de la révolution de Juillet. On fit des prodiges d'audace, de dévouement et de sacrifices. La Chartreuse fut sauvée et les fils de saint Bruno rentrèrent dans le cher asile d'où la Révolution les avait chassés en 1791.

M. de Dumast a eu l'initiative de cette restauration et c'est, à mon humble avis, la plus glorieuse de ses œuvres, plus glorieuse que toute la longue série de ses travaux littéraires, politiques, linguistiques, religieux, philosophiques, lorrains et autres, dont l'énumération demanderait des pages entières. Écrivain universel, il toucha, en effet, à toutes les questions qui s'agitèrent à son époque et partout se révélait la main d'un maître.

Est-ce pour le récompenser de cette méritoire résurrection de la Chartreuse, que le ciel lui accorda, quelques années après, la joie de réaliser une pensée nourrie depuis 1833, la pensée magnifique de réunir les forces chrétiennes de la ville, jusqu'alors isolées, en un groupe qui reçut le nom de *Foi et Lumières?* M. de Dumast voulait que les catholiques eussent coude contre coude, et qu'au moyen de rencontres journalières dans un salon de lecture, et d'études fortes, rendues possibles par une bibliothèque de choix, ils se missent à même de combattre pour la foi avec les armes de la science ; puisqu'en effet, c'est au nom de la science que la philosophie mo-

1. *Espérance* du 3 février 1883. — *Semaine religieuse de la Lorraine* du 11 février 1883.

derne a la prétention de renverser l'édifice de nos croyances.

On créa donc, par achats et par dons, une bibliothèque littéraire et savante, riche en documents variés, mais où tous les genres de connaissances furent imprégnés de cette religion qui, selon la pensée de Bacon, est l'indispensable *aromate* dont il faut *embaumer les sciences*, pour les empêcher de se corrompre. Là, se trouvèrent successivement rassemblées, dans un foyer permanent, les lumières nées, chaque jour en Europe, de tous les travaux intellectuels qui fournissent appui à la croyance révélée et qu'il importe à ses défenseurs de bien connaître.

Et, afin qu'il n'y eût ni doute ni méprise sur la pensée vitale de cette œuvre, voici quelle fut sa profession de foi, placée en tête de ses statuts : « L'esprit des soussignés n'est point celui d'un christianisme vague, mais bien d'une orthodoxie positive et d'une parfaite adhésion au Saint-Siège, centre de l'unité. »

C'était une initiative complète dès le premier jet, antérieure et supérieure à tout ce qui s'est fait de semblable, même à Lyon et à Paris.

Ce ne fut pas une mince institution que cette Académie chrétienne, qui compta dans son sein des membres comme le jeune poète Désiré Carrière; M. le vicaire général Dieulin, auteur du *Bon Curé* et du *Guide des Curés;* M. Delalle, depuis évêque de Rodez; Auguste Digot, le laborieux historien de l'Austrasie et de la Lorraine; le confesseur de la foi M. Michel, auteur de toute la liturgie du diocèse avant l'introduction du rit Romain; le savant Rohrbacher; le théologien Berman; M. Gridel, qui, sous le nom d'abbé Xavier, écrivit le traité de l'*Ordre surnaturel et divin,* livre qui fit une immense impression en France et à l'étranger; M. de Villeneuve-Trans, le correspondant de l'Institut; M. Joseph Régnier, auteur de l'*Orgue ;* des artistes comme Pierre, Alexandre Gény et de Saint-Beaussant ; des magistrats comme M. le premier président de Metz et M. de Vienne ; des publicistes comme MM. de Foblant et de Myon ; des économistes comme M. Alexandre de Metz, etc.

Pour encourager ce groupe fort honorable, M. de Dumast fit appel à toute une pléiade d'hommes célèbres de tous pays, qu'il est glorieux de nommer : à des prélats, tels que Nosseigneurs Parisis, Dupuch, Wiseman, Donnet ; à d'autres sommités du clergé, tels que le R. P. Lacordaire, l'abbé Gerbet, l'abbé Bautain, l'abbé de Ram, le R. Abbé de Solêmes ; à des écrivains catholiques, tels que MM. de Montalembert, Foisset, Veuillot, de Bonald, Ch. du Coëtlosquet ; à d'illustres étrangers, tels que Gœrres, Haller, Manzoni, Silvio Pellico, etc. Nous pourrions prolonger cette énumération ; mais il faut savoir se borner.

Tous ces hommes répondirent à l'invitation du zélé président et acceptèrent leur diplôme ; quelques-uns envoyèrent leurs livres, des mémoires, des travaux manuscrits; d'autres consentirent même à venir nous les lire en séances publiques.

Certes, ce fut un beau moment d'activité, d'émulation, d'études et d'espérance !

Comme on avait fondé une Académie pour prouver par ses travaux que la *Foi* n'a rien à craindre des *lumières,* on fonda une Conférence de Saint Vincent de Paul, dans le but d'assister les pauvres, non plus au nom de la philanthropie, mais au nom du Sauveur Jésus, leur ami et leur frère, et cette Conférence ne tarda pas à devenir nombreuse et florissante. On eut, pour les trois départements lorrains, une association de Saint-Régis, qui s'occupa de faire rentrer dans l'ordre de la famille chrétienne les indigents vivant dans le concubinage. On eut un journal, l'*Espérance,* afin de pouvoir dire chaque jour le mot catholique sur les événements quotidiens et de prendre en mains la défense des œuvres. On en eut, au printemps de 1849, un second, l'*Ami du Peuple,* qui se tira jusqu'à 12,000 exemplaires et qui prit une part décisive aux élections pour l'Assemblée législative. On imprima le beau livre qui porte le nom de *Foi et Lumières,* arsenal complet d'armes au service de la Foi et où les catholiques, aujourd'hui encore, peuvent largement puiser des traits non émoussés. On vit renaitre dans nos murs des ordres religieux, et les fils de saint Dominique, ressuscitant en France, reçurent des mains d'un des nôtres, jeune gentilhomme riche et artiste, de tout temps aimable, mais naguère riant des dévots, leur premier couvent.

Commençait alors la grande lutte en faveur de la liberté de l'enseignement, qui fut enfin conquise. Sans doute on essaie de nous la rogner; mais nous espérons bien, par notre sagesse, notre dévouement, nos sacrifices et avec la grâce de Dieu, la reconquérir un jour pleine et entière !

Or, difficilement à notre époque, se figurerait-on quelle somme d'activité notre Académie chrétienne apporta dans le combat, quelle prodigieuse propagande elle fit, pendant plusieurs années, par écrits, par paroles et par actes. Nous renvoyons au livre de *Çà et là* de M. Louis Veuillot, chapitre intitulé : *Résurrection d'une ville de province,* les personnes qui seraient curieuses de connaitre le mouvement catholique de cette époque et la part que M. de Dumast y eut.

La Société *Foi et Lumières* vécut ainsi quinze ans. Quand arriva le second Empire, qui bâillonna la presse et mit sous clef nos plus précieuses libertés, elle se sentit blessée et se laissa mourir. Son rôle d'ailleurs était fini. Elle avait groupé, discipliné et instruit les catholiques ; elle avait créé les œuvres qui continuèrent à se développer et à faire le bien sous leur propre direction.

En présence des événements nouveaux, immenses, qui venaient inaugurer un changement total dans la marche des esprits et dans celle des affaires du monde, M. de Dumast, se persuadant qu'en tout ordre de choses, les phases nouvelles réclament des hommes nouveaux, abdiqua, en faveur de ses disciples et collaborateurs, son rôle initiateur des œuvres catholiques et porta sur d'autres points sa puissance créatrice.

Nous ne le suivrons point sur ce nouveau terrain où il sut acquérir d'immenses et incontestables droits à la reconnaissance de la ville de Nancy. D'autres l'ont fait et le feront peut-être encore ; et ce ne sera que justice, si, à un jour prochain, nous avons la joie de voir revivre son nom au frontispice du palais de l'Académie et sur les murs d'une des rues qui y conduisent.

Jusqu'à présent nous n'avons vu dans M. de Dumast que le guide, le chef de file des catholiques dans l'action publique. La modeste tâche que nous nous sommes donnée, en voulant rappeler brièvement aux hommes de la génération actuelle le rôle qu'il a tenu dans les affaires religieuses, serait incomplète si nous ne consacrions quelques lignes à l'homme privé, dans la pratique des devoirs qui font le chrétien accompli, fidèle en tout aux lois de Dieu et de l'Église.

Sous ce rapport encore, M. de Dumast a été un type parfait à contempler, à admirer et à imiter.

Modèle de résignation chrétienne et d'entière soumission dans les plus douloureuses épreuves de la vie, il eut d'abord à laisser couler ses pleurs sur le cercueil d'une jeune fille dont il espérait faire la joie de son foyer, pendant que ses trois fils serviraient la patrie dans les postes que la Providence leur réservait. Un des trois meurt glorieusement devant les murs de Sébastopol ; un second, chef de bataillon, est tué dans les combats de Versailles contre la Commune ; Mme de Dumast, elle-même, qui, sous des apparences un peu froides, cachait les plus grandes et les plus solides qualités de la femme chrétienne, et dont la louange est justement dans toutes les bouches, le précéda de quelques années dans la tombe. Tous ces coups, si douloureux, retentirent cruellement dans son cœur, mais ne purent assombrir sa sérénité chrétienne. Il priait un peu plus, levait un peu plus ses yeux vers le Ciel, où les âmes qui ont bien aimé le bon Dieu et ont pratiqué fidèlement sa loi, ont la certitude de se rejoindre. C'est là qu'il trouvait des motifs de consolation pour lui-même et des paroles d'encouragement pour ceux qui pleuraient autour lui ; consolation et encouragement dont le sentiment profond se trahissait souvent par le cri d'une âme vraiment croyante, aimante et généreuse : « Que Dieu est bon ! »

Depuis plus de trente-cinq ans déjà, son corps souffrait d'horribles douleurs, et pour tous ceux qui l'ont approché, la prolongation de ses jours jusqu'à l'âge de quatre-vingt-sept ans paraissait un phénomène presque miraculeux. Et cependant sa volumineuse correspondance se faisait, son cabinet restait ouvert à de nombreux visiteurs qu'il continuait à instruire et à charmer par ses longs et féconds entretiens. De temps en temps, des auditeurs attentifs surprenaient bien une contraction qu'il n'était pas parvenu à dompter. Mais la conversation marchait, sans qu'une plainte fût proférée. Il cachait ses souffrances avec autant de soin que d'autres en mettent à les exprimer, pour ne pas affliger et faire pâtir avec lui son entourage. Dur pour lui-même, il l'était moins pour les autres, et à l'époque où déjà il ne pouvait plus mettre qu'une signature informe sur les lettres dictées à son secrétaire, on l'a vu dépenser deux billets en un seul jour, en faveur d'un confrère également aux prises avec la maladie. Ne se croyait-il pas obligé de signaler à cet ami une médicamentation qu'il pensait devoir lui être salutaire ?

S'il était soucieux de la santé corporelle de ses amis, il l'était infiniment plus encore de la réputation du prochain. Dans ses longues causeries, jamais parole médisante n'est venue sur ses lèvres, et s'il entendait quelque accusation, sa charité trouvait toujours une circonstance atténuante à faire valoir.

Il acceptait de bonne grâce les contradictions, qui pouvaient lui être présentées, et dût son amour-propre en être froissé, car qui est assez fort pour s'en dépouiller entièrement ? il ne s'en montrait nullement offensé. Une légère coloration paraissait alors sur son visage et c'était tout.

Vingt fois par jour, on le dérangeait dans le silence de ses méditations, dans le feu de sa composition, dans le mouvement de ses affaires, dans sa vaste correspondance ; ce qui n'empêchait pas la vingtième visite de rencontrer la même affabilité que la première.

Sa correspondance était universelle et lui a pris les plus nombreuses heures de sa vie. Les savants les plus célèbres, les linguistes les plus renommés, les chrétiens les plus illustres, faisaient avec lui un échange quotidien d'idées. Et, comme il était tout imprégné de catholicisme, Dieu seul peut savoir tout le bien qu'il a produit par cette progagande non interrompue et à huis clos ; Dieu seul connaît les préjugés qu'il a dissipés, les objections qu'il a vaincues, les vérités qu'il a répandues, les retours à la vérité qu'il a opérés.

C'est à cette grande et importante mission qu'il consacra une grande partie de ses heures depuis le jour qu'il avait abandonné à d'autres la conduite des œuvres catholiques. Et cette mission de prédication par correspondance, il ne cessa non plus de l'accomplir par la conversation, dans son cabinet de réception, près de nombreux et honorables visiteurs, qu'il disposait peu à peu à modifier considérablement des idées préconçues sur beaucoup de sujets d'un grand sérieux.

Quant à sa piété, que pourrions-nous en dire qui ne soit connu de tous ? Qui ne l'a vu se traînant péniblement au bras de son fidèle Joseph, pour assister aux fêtes de la Société de Saint-Vincent-de-Paul, pour se rendre au conseil de l'Association de Saint-Régis, pour prendre part aux fêtes de l'Église ? Qui ne l'a vu, pendant les quelques étés qu'il passa dans sa campagne de Malzéville, se faisant porter sur le passage de la procession du Saint-Sacrement et procurant sans s'en douter, par son attitude humble et respectueuse, une immense édification à tous les fidèles ?

Et lorsqu'il fut devenu aveugle et à peu près impotent, lequel de ses visiteurs ne l'a trouvé dans un coin obscur de son cabinet, jadis si plein d'animation, pieusement réfugié entre son chapelet et son crucifix ? On pourrait croire qu'il s'y désolait sur sa cécité, qui le rendait incapable de continuer sa vie si active. Loin de là : ce qui paraissait à tout le monde un sujet d'immense affliction, il le considérait comme une faveur, comme une grâce du Ciel. — Merci ! mon Dieu, répétait-il, de ce que, m'ôtant les yeux du corps, vous m'avez mis en situation de mieux me préparer à mes fins dernières ! Et, de fait, après quelques heures de dictée à l'un de ses secrétaires, il n'avait pas de plus grande joie et de meilleure consolation, que ses exercices de dévotion. Pendant des heures, il égrenait son chapelet, puis, prenant dévotement un crucifix indulgencié, il faisait son chemin de croix ; puis encore, tenant dans ses mains, avec un bouquet d'immortelles desséché, une statuette de la Vierge qui lui venait du vénérable M. de Saint-Florent, il récitait son mois de Marie, alors même que l'Église ne fêtait plus le mois de Marie. A table, il se faisait lire la vie du Saint du jour. Celle du bienheureux Claver, l'apôtre des Indes, excitait vivement son intérêt, et il se la faisait répéter. Après son dîner, il demandait à rester seul, et passait près de deux heures et demie dans la prière et la contemplation. Puis venait la prière du soir, qui était suivie des Litanies de la Sainte-Vierge, comme celle du matin, des Litanies du Saint-Nom de Jésus. Le pieux baron récitait les Invocations et Joseph répondait. Il en était de même le Dimanche, vers une heure et demie, pour les Vêpres. Le maître et le serviteur alternaient les Psaumes.

Presque tous les huit jours, il communiait le Dimanche, à la Basilique Saint-Epvre, sa paroisse, où il prenait place près de la sacristie, afin qu'on pût, sans grand dérangement, lui apporter le Dieu qui avait réjoui son âge viril et consolé sa vieillesse. Chaque année, le 8 décembre, avec une exactitude qui ne s'est jamais démentie depuis l'époque de son retour à Dieu, il communiait, obéissant en cela aux statuts de l'Ordre, avec sa croix de Charles III d'Espagne, représentant l'Immaculée Conception.

Le jour de la Dédicace, comprenant que sa fin ici-bas approchait, il annonça qu'il voulait, pour la dernière fois, aller à la paroisse. Et ce fut réellement la dernière fois.

A dater de ce moment, ses forces déclinèrent sensiblement ; la vie s'en allait. Il reçut saintement les sacrements des mourants, redoubla ses préparations pieuses ; puis le 26 janvier, sans douleurs, sans crise, il s'endormit, sur la terre, pour se réveiller dans le sein de Dieu.

Messieurs[1],

M. le baron Guerrier de Dumast, membre fondateur, dont je n'ai pas à relater ici les autres titres à l'estime et aux regrets de ses concitoyens, avait compris, dès les premiers jours, la grandeur du but de notre institution et surtout son utilité. Il aimait à rappeler que l'usage des secours à procurer aux blessés sur les champs de bataille était une des initiatives lorraines, comme il le disait si bien, puisque c'était le duc de Guise, l'heureux défenseur de Metz contre Charles-Quint, qui avait donné le premier l'exemple d'un chef d'armée faisant, après le combat, relever et soigner les blessés, indistinctement, sans s'occuper du parti auquel ils appartenaient, ne voyant en eux, avec raison, que des malheureux appartenant à l'humanité.

Cette idée, la perte d'un fils tué à l'ennemi devant Sébastopol, son sentiment si profond des devoirs de l'homme envers ses semblables, firent adopter avec

1. Extrait du rapport lu le 16 février 1883 à l'assemblée générale annuelle du Comité de Nancy de la Société de secours aux blessés.

ardeur à M. le baron de Dumast les principes de la convention de Genève ; aussi devint-il, presque dès la fondation de la Société de secours aux blessés, un des rares membres de cette institution que comptait alors notre ville.

En 1870, dès la déclaration de guerre il fut le lien entre les promoteurs de l'œuvre et nous tous, Nancéiens, désireux de venir en aide à des victimes que nous ne prévoyons pas alors devoir être si nombreuses. Quand M. le comte de Vogüé, envoyé par le Comité de Paris, vint à Nancy provoquer des adhésions, ce fut chez M. de Dumast que se tinrent les réunions préparatoires et que fut promptement formé un Comité local qui le choisit pour Président et dont nous sommes les continuateurs. Par ses soins, par la propagande active qu'il fit à cette occasion, par le zèle qu'il sut insuffler à ses premiers collaborateurs, ce Comité fut bientôt mis à même de fonctionner dans l'ambulance de la Gare d'abord, puis, quand les événements devinrent néfastes pour nous, à celle de l'École forestière.

Je ne m'étendrai pas davantage sur ce qui fut fait à cette époque afin d'arriver au moment où, la guerre terminée, après un moment de suspension faute d'emploi de notre activité, M. le baron de Dumast songea à organiser, en vue de l'avenir, sur des bases plus larges, avec un règlement et des formes plus stables, l'Association de secours aux blessés qui s'était seulement improvisée sous l'influence des événements. Par ses démarches, il réunit ce noyau d'hommes qui avaient compris ses idées, leur fit adopter ses vues nouvelles et reformer ainsi le Comité actuel de Nancy. Mais l'âge, la douleur causée par la perte d'un second fils blessé mortellement sous les murs de Paris avaient, non pas diminué son activité, mais altéré ses forces ; il ne se crut plus capable de nous diriger et ne consentit à accepter, dans la nouvelle organisation, que le titre de Président honoraire qui lui fut décerné par acclamation.

Depuis lors, nous avons eu souvent recours à son expérience et jamais ses conseils ne nous ont manqué, pas plus que les vœux ardents qu'il faisait pour l'extension de notre œuvre patriotique. Certes, à bien d'autres titres, il a mérité les éloges et les honneurs qui lui ont été rendus par les voix les plus autorisées ; nous ne devions pas oublier la part si grande qui lui revient dans notre organisation ; et c'est avec un vif sentiment de reconnaissance que nous aussi, nous venons apporter à M. le baron de Dumast ce dernier hommage, que nous aurions désiré pouvoir faire digne de lui, et que notre Président, M. Pérot, a pu déjà lui rendre lors de ses funérailles.

Le Secrétaire,
A. BRUNEAU.

M. LE BARON DE DUMAST.

Né à Nancy le 26 février 1796[1], le jeune Dumast passa les premières années de son enfance au château d'Ubexy, propriété de son aïeul, puis à Brantigny (Vosges), sous la direction d'une parente dévouée, car il avait eu le malheur de perdre sa mère quelques jours après qu'elle lui avait donné naissance[2].

Ramené à Nancy en 1807, il termina, au lycée, ses études d'une manière brillante, et obtint, en 1812, son diplôme de bachelier[3]. Depuis cette époque jusqu'en 1828, il fit partie du personnel de l'Intendance militaire, d'abord comme attaché au Commissariat des guerres et

1. Dans la maison de la rue des Tiercelins qui porte le n° 16.

2. Marie-Françoise Nicole, épouse du baron François G. de Dumast, morte avant l'âge de dix-huit ans, le 7 mars 1796.

3. L'abbé Delagarde, curé de Brantigny, lui avait donné les éléments de l'instruction primaire, puis il avait passé une année au pensionnat tenu, à Nancy, par Mlle Michel. En 1811, ses condisciples le désignèrent pour faire la harangue d'usage qui précédait la distribution des prix dans la salle des Redoutes, à la Mairie, en présence de la Cour, de tous les magistrats et autres fonctionnaires en grand costume pour cette solennité.

chargé du service des places de Sarrebourg et Phalsbourg, de 1812 à 1815, puis comme élève de l'école d'intendance créée à Paris pendant la Restauration.

Menant alors de front les études administratives et l'étude des lois, il fut reçu licencié en droit le 22 août 1821 et prêta serment à la Cour de Paris le 8 octobre suivant.

En 1823 et 1824, il remplit les fonctions de sous-intendant du quartier général du corps d'Andalousie pendant la guerre d'Espagne, et, après avoir, dans la même administration, accompli plusieurs missions spéciales, il fut définitivement chargé du service de Toul, Marsal, Pont-à-Mousson et Nancy.

Pendant ces seize années, sa vive intelligence et sa prodigieuse activité lui permirent, sans nuire à ses devoirs professionnels, de se livrer à ces travaux littéraires et scientifiques qui devaient plus tard faire le charme et la principale occupation de sa vie. C'est ainsi que, dès l'année 1817, il publia sa première œuvre, l'*Éloge de Gilbert,* couronné par l'Académie de Stanislas, et que cette Compagnie lui ouvrit ses rangs, comme associé correspondant d'abord, le 15 juin 1817, et comme membre titulaire, en 1826.

Très recherché dans le monde parisien et parmi les lettrés, le jeune Lorrain se mêla au mouvement de l'école romantique et, s'associant à l'élan inspiré par la renaissance hellénique, il chanta les exploits des héros de Lépante et de Missolonghi en un poème auquel applaudirent les critiques du temps, et cela en face des *Messéniennes*[1]. Sa plume féconde produisit en outre une

1. *Chios, la Grèce et l'Europe,* poème lyrique. Paris, 1822.

série de travaux qui, dès ce moment, attirèrent l'attention publique sur leur auteur.

Allié par son mariage à l'une des plus honorables familles de la Lorraine [1], il se fixa définitivement à Nancy en 1826, et se décida à quitter l'administration pour se livrer tout entier à ses goûts littéraires. Sa démission comme sous-intendant militaire fut acceptée le 3 février 1828.

Notre ville était alors en état de stagnation ; le retour de M. de Dumast fut le signal d'un véritable réveil. Son hôtel de la Carrière devint bientôt le rendez-vous de tous les penseurs, de tous les travailleurs, jeunes et vieux, que son ardeur communicative enrôlait dans une suite d'œuvres et d'entreprises, étrangères à tout intérêt personnel et inspirées par le plus pur patriotisme.

Très vaste est le champ des travaux de M. de Dumast ; il comprend à la fois des études de littérature, d'enseignement et de philosophie ; des questions de jurisprudence, d'administration et de politique y sont traitées ; l'orientalisme surtout est l'objet de recherches importantes, etc. Une analyse, même succincte, de tant d'écrits serait incomplète et ne pourrait trouver place dans cette note rapide. Nous nous bornerons à indiquer le rôle prépondérant qu'il remplit dans la création du *Musée lorrain*, qui amena la fondation de la *Société d'archéologie*.

Sans avoir perdu ses titres, l'ancienne capitale de la Lorraine les avait oubliés, et M. de Dumast semble

1. Il épousa à Nancy, le 31 janvier 1826, Mlle Marie-Louise-Charlotte Buquet, fille du baron Buquet aîné, maréchal de camp et député des Vosges sous la Restauration.

avoir eu pour mission de les remettre en lumière, de les faire comprendre et apprécier.

Dès l'année 1841, il se trouve à la tête d'une commission [1] chargée de rechercher les moyens de former un *Musée lorrain.* Par suite de ses démarches, la Société des monuments français, pendant le congrès scientifique tenu à Strasbourg, donne à son projet une précieuse adhésion, dont M. de Caumont, promoteur du congrès, est le rédacteur. Les notes, les articles, les brochures se multiplient sous sa plume infatigable ; grâce à lui, la presse se fait l'écho des vœux formulés à Nancy et, dans un article publié le 9 novembre 1832, sous son inspiration, par l'*Artiste,* M. Thomassy vante l'originalité, les règles particulières et la physionomie de l'art et des monuments lorrains.

Ces rapports de MM. de Caumont et Thomassy, il les invoque sans cesse, les reproduit et en fait un chapitre spécial, illustré par notre concitoyen Thorelle, dans son intéressant ouvrage, *Nancy, Histoire et Tableau,* qu'il venait d'écrire avec une verve jeune et passionnée, comme une noble déclaration d'amour en l'honneur de sa ville natale.

Pendant la dix-septième session du Congrès scientifique tenu à Nancy en 1850, on voit encore M. de Dumast revendiquer, avec un zèle obstiné, son Musée lorrain. Rien ne lui coûte pour entraîner les indifférents ou les adversaires comme les amis, obligés de le suivre dans cette campagne patriotique. C'est alors qu'il vient lire ce remarquable morceau intitulé : *Philosophie de*

1. Ses deux collègues étaient M. Grillot, architecte, et M. Paul Laurent, peintre.

l'histoire de Lorraine, qui crée de nouvelles recrues pour accroitre la notoriété de l'idée dont il voulait obtenir la réalisation.

Enfin, quand, après tant d'efforts, le Comité du Musée dont il avait été le promoteur, put prendre possession d'une partie des galeries du Palais ducal, ce fut lui qui, poète à ses heures, après la brillante harangue de M. Henri Lepage, notre président, couronna la partie littéraire de la séance (20 mai 1862) par un récit poétique des *particularités de la Galerie inaugurée.* Écrit dans ce style attrayant, propre au vaillant Secrétaire perpétuel, ce morceau provoqua plus d'une fois de vifs applaudissements, surtout quand il rappela la généreuse hospitalité de la mort, donnée par René II au vaincu de Nancy.

Depuis que les infirmités et l'affaiblissement de la vue avaient atteint M. de Dumast, il ne pouvait venir que rarement à nos séances. Cependant on le voit toujours à son poste dès qu'une question importante est mise à l'ordre du jour. Il se tient au courant de ce qui se passe ; jamais il ne reste étranger à aucune de nos résolutions, les encourage toujours et, au besoin, sait en inspirer de nouvelles, comme en témoignent encore des brochures de circonstance [1].

Ceux qui ont eu le bonheur d'être admis dans son intimité, n'oublieront jamais le charme de cette parole

1 *Nécessité de profiter de l'occasion du maréchalat pour restituer au Musée lorrain l'aile entière du Palais ducal,* 1858. — *Lettre sur les cent ans de réunion de la Lorraine à la France,* 1866. — *Lettre sur le projet des fêtes séculaires,* 1866. — *De la Citadelle de Nancy au point de vue des fêtes séculaires,* 1866. — *A propos de la Gendarmerie et du Palais ducal,* 1871.

vive, claire, élégante qui, même pendant ses dernières années, faisait éclater sa pensée en traits saisissants et lumineux ! Que de fois aussi, après avoir écouté l'aimable et savant vieillard, on se quittait, en admirant ses connaissances étendues, appliquées aux hommes et aux choses, et, pour l'exposé et la discussion desquelles, une mémoire, toujours jeune et inaltérable, semblait comme un don privilégié pour frapper ses auditeurs, leur faire voir le but qu'il voulait atteindre et les obliger à partager son opinion.

Les services qu'il avait rendus à la Société d'archéologie et au Comité du Musée lorrain avaient, depuis longtemps, déterminé cette institution à lui conférer le titre de *Secrétaire perpétuel*, et, quand on pense que ce qu'il a fait pour notre Société, il s'y est appliqué et plus longtemps encore pour l'*Académie de Stanislas*, qui l'a nommé son *Président d'honneur, à vie;* quand on se reporte aux démarches répétées, aux luttes incessantes de cette vaillante délégation de 1852 dont M. de Dumast fut l'âme et l'éloquent interprète, délégation dont les efforts ont amené le rétablissement définitif de l'ancienne *Université de Nancy* [1], on applaudit aux nobles paroles du Maire de Nancy qui, après avoir tracé cette vie de travail et de patriotisme, proclamait naguère que M. de

1. M. de Dumast fut secondé dans cette campagne par trois collègues dont il faut rappeler les noms : MM. Élie Baille, Collenot et Joseph Lévylier. Le Conseil municipal de Nancy, par une délibération spéciale, du 8 juin 1852, a tenu à témoigner l'expression de sa reconnaissance à cette délégation, et spécialement à M. de Dumast, pour le talent, l'ardeur de conviction et de patriotisme qu'il avait déployés en cette circonstance.

Dumast fut *le plus pieux des Lorrains, le citoyen le plus constamment utile à sa ville natale* et *le plus patriotiquement dévoué à son pays.*

J. RENAULD.

(*Journal de la Société d'archéologie lorraine,* numéro de février 1883.)

M. DE DUMAST.

On sait — peut-être — que notre savant et regretté concitoyen, le baron de Dumast, fut, en 1865, avec Isidore Geoffroy Saint-Hilaire et le docteur N. Joly, de Toulouse, un des plus zélés promoteurs de l'usage alimentaire de la viande de cheval. Il en prêcha l'emploi par ses exemples et par ses écrits [1]. Il l'a mis en honneur en la faisant servir sur sa propre table. Aujourd'hui, grâce au concours de ces hommes d'initiative et de progrès, cette idée a fait son chemin dans le monde en dépit des obstacles qu'elle avait d'abord rencontrés, et des railleries d'un goût plus ou moins équivoque dont elle aurait, dans le principe, été l'objet. La viande de cheval, comme l'a dit avec raison M. de Dumast, n'offre rien de particulier, hormis le préjugé des sots qui ont imaginé de la mettre à l'index. Pourquoi, en fait de ré-

1. Les plus remarquables sous ce rapport sont : 1° Le *Mémoire* qu'il a publié dans le *Bulletin de la Société régionale d'acclimatation* (1865) ; 2° la lettre qu'il a adressée au *Bélier* (numéro du 7 juillet 1867) et qui a pour objet : *La Viande de cheval et la Pomme de terre. Rôle de la Lorraine dans ces deux initiatives.*

gime alimentaire, nous montrerions-nous plus difficiles que nos maîtres les Gaulois ? Pourquoi, riches ou pauvres, ne ferions-nous pas comme eux servir sur nos tables de succulents *horses-steaks* ou d'appétissants *rost-horses,* en guise des *beefsteaks* et des *rost-beefs,* maintenant presque exclusivement réservés à nos modernes Lucullus ? En excluant ces mets de notre cuisine, sommes-nous plus raisonnables que les Francs qui, jusqu'au temps de Charlemagne, s'abstenaient de manger du lièvre, ou que les quatre-vingt millions d'Indous qui, de nos jours encore, rejetteraient avec horreur de leur table la chair du bœuf ou du mouton ?

De plus, cette alimentation pourrait procurer à nos soldats en campagne des avantages réels. Ce fut à l'armée du Rhin, sous le premier Empire, que le baron Larrey, inspecteur du service de santé de l'armée, fit servir, pour la première fois, la viande de cheval à l'alimentation du soldat. Plus tard, en Égypte, il arrêta, par le même moyen, les effets d'une épidémie scorbutique très meurtrière ; enfin, plusieurs fois dans les temps de disette, il sacrifia ses propres chevaux pour en nourrir les malades et les blessés.

Mais ne nous écartons pas de notre sujet. Nous avons retrouvé, à propos de la propagande faite par M. de Dumast en faveur de l'usage alimentaire de la viande de cheval, un document curieux qu'il nous paraît intéressant de reproduire.

Le 2 avril 1868 eut lieu à Toulouse un banquet dont le cheval faisait principalement les frais, et organisé de manière à prendre le caractère d'une véritable manifestation. Trente-cinq convives s'étaient réunis sous la présidence de M. Lavocat, directeur de l'Ecole vétérinaire.

L'impression générale produite par la dégustation des divers plats préparés comme ils l'eussent été avec de la viande de bœuf, fut, dit un journal de cette époque, de tous points favorable. Ceux des assistants qui en mangeaient pour la première fois, se trouvèrent convertis sans effort et ne furent pas les moins ardents propagateurs de l'idée.

Un journal de Toulouse avait publié quelques jours auparavant une lettre adressée par M. le baron de Dumast à M. le docteur N. Joly, et écrite précisément à l'occasion de ce banquet. En reconnaissance de ce témoignage de sympathie anticipée d'un des plus ardents apôtres de l'emploi alimentaire du cheval, les personnes réunies au dîner eurent la pensée d'envoyer à l'honorable baron, dans une dépêche télégraphique, le quatrain suivant :

A M. LE BARON P. G. DE DUMAST, A NANCY.

A Toulouse, ce soir, le cheval fait merveille.
Tous vos vœux sont remplis, le nôtre l'eût été
Si quelque esprit lutin, vous prenant par l'oreille,
Sur son aile légère ici vous eût porté.

M. de Dumast s'empressa de répondre par la dépêche suivante :

AUX CONVIVES DU BANQUET DE TOULOUSE.

Bravo, Messieurs ! bravo ! Certes du *gay sçavoir*
Vous possédez encor les plus aimables gammes,
Vous qui, victorieux, l'annoncez dès le soir,
Et rédigez en vers vos joyeux télégrammes.

Enfin donc, comme nous, vous avez réussi !
La cité des Lorrains n'en sera point jalouse.
Merci de la dépêche, au contraire ; — et Nancy,
Félicite avec moi sa noble sœur Toulouse.

Qu'importent la manière, ou l'époque, ou le lieu ?
Qu'importe Sud ou Nord ? ou Moselle ou Garonne ?
Pourvu qu'un peu de bien se fasse, oh ! gloire à Dieu !
Qui travaille et soulage a déjà sa couronne.

Vive le deux avril ! — Oui, semblable repas
Du luth des troubadours peut réveiller la corde.
Car c'était une agape ; — il marquait un grand pas :
Un pas vers la *lumière,* un pas vers la *concorde.*

Rompre des préjugés le mur encore épais,
C'est préparer des cœurs l'union salutaire.
« Heureux les doux ! heureux les ouvriers de paix !
« Fils du ciel ! ils auront l'empire de la terre. »

Le banquet avait été ouvert par un discours de M. Lavocat. Divers toasts furent portés. Voici celui de M. le docteur N. Joly :

« A la mémoire de Geoffroy Saint-Hilaire dont nous cherchons ici à réaliser un des vœux les plus chers.

« Au baron de Dumast, qui, j'en suis sûr, est avec nous par la pensée et par le cœur, et qui, l'un des premiers en France, a mis en honneur la viande de cheval, en la faisant servir sur sa propre table, dans le but d'inspirer au peuple l'heureuse idée de s'en nourrir.

« A tous ceux qui, comme nous, Messieurs, se plaisent à seconder de si utiles efforts en y joignant les leurs ! »

Ce banquet donna l'impulsion et fut fécond en bons résultats. Dans toutes les villes on organisa des boucheries chevalines. Entourée de précautions nécessaires, la vente de cette denrée offre aux travailleurs une précieuse ressource, en mettant à leur portée un aliment sain, fortifiant et à bon marché. Et voilà comment l'usage alimentaire de la viande de cheval est entré dans nos mœurs[1].

N.

(*L'Impartial de l'Est,* 25 février 1883.)

1. En 1864, s'est constitué à Paris, un *Comité de la viande de cheval,* ayant pour président le docteur Blatin; pour secrétaire M. Decroix; pour trésorier M. Bourel. Le baron de Dumast, jugeant que l'hippophagie rendrait des services, notamment aux pauvres et aux travailleurs, se mit en relation avec le Comité. Après s'être éclairé et avoir mûrement réfléchi sur la question, il a commencé à faire des démarches auprès des administrateurs et a fini par obtenir pour un industriel l'autorisation d'ouvrir, à Nancy, une boucherie de viande de cheval. A Paris, ce fut un peu plus tard, si je ne m'abuse, que la première boucherie spéciale fut ouverte (9 juillet 1866).

(Extrait d'une notice nécrologique sur M. le baron de Dumast parue dans le *Journal de la Société contre l'abus du tabac,* numéro de mars 1883.)

M. LE BARON GUERRIER DE DUMAST.

La Société centrale vient de perdre un de ses plus anciens membres, M. le baron G. de Dumast ; aussi est-ce pour elle un devoir de reconnaissance d'associer l'expression de ses regrets à tous les témoignages rendus unanimement à l'homme si éminent et si distingué, si dévoué surtout et si sympathique, à qui Nancy et le pays lorrain doivent, en grande partie, l'élan qui les a faits ce qu'ils sont devenus. Sans parler de ses titres nombreux à l'estime de ses concitoyens, titres qui ont été rapportés par des voix autorisées dans les différents discours prononcés sur sa tombe, lors de ses funérailles, bornons-nous à rappeler en quelques mots ce qu'il fut pour nous en particulier.

Inscrit parmi les membres de la Société centrale presque dès sa fondation, M. G. de Dumast, délégué de l'Académie de Stanislas en vertu des statuts de cette époque, prit une part active à ses travaux. Il avait choisi la section de sylviculture et s'efforçait par de nombreuses communications, de stimuler le zèle public en faveur du bon aménagement et même de la protection de ces forêts qui sont une des richesses de notre région. Il s'ingéniait également à suggérer tous les progrès, à indiquer toutes les améliorations qui lui semblaient utiles, à les faire bien connaître et bien comprendre. L'état de sa santé faisant de lui plutôt un homme de cabinet, c'est par ses écrits, par de petites brochures visant des sujets d'actualité, par ses lettres surtout, qu'il répandait ses aperçus, désireux de les faire pénétrer à fond dans les esprits. Tout en s'attachant à la diffusion des idées nouvelles, il ne négligeait pas pour cela les anciennes et faisait ressortir tout ce qu'elles avaient de bon, tous les services que l'on pouvait en attendre. Amoureux du passé, il y avait recueilli ce qu'il appelait les *initiatives lorraines* et les présentait presque comme des nouveautés, tant il savait bien rendre visibles leur mérite et leur utilité actuelle.

A côté de la Société centrale, et dans le but de lui apporter des richesses encore inconnues, M. le baron de Dumast avait fondé à Nancy, en 1854, la *Société d'acclimatation du Nord-Est*. Dans sa pensée, cette jeune association devait être avantageuse pour l'agriculture, en se procurant au loin de nouveaux animaux et de nouvelles plantes ; elle devait les essayer, les étudier et supporter les déboires qui arrivent trop souvent dans ces sortes d'expériences, pour vous les éviter et ne vous proposer que des résultats acquis et certains. Les circonstances n'ont pas permis à cette tentative de donner tout ce que l'on pouvait en espérer ; néanmoins aujourd'hui nous trouvons répandues et cultivées des céréales que la Société d'acclimatation avait à cette époque indiquées et fait revenir ; mais c'est surtout dans le domaine de l'horticulture que ses efforts ont eu le plus de succès.

En 1869, lorsque la Société centrale patronna le *Congrès agricole libre,* qui se tint à Nancy, M. le baron de Dumast fut l'un des promoteurs de cette réunion et l'une des cinq personnes qui ne craignirent pas de donner leurs noms, comme répondants, ainsi que le réclamait la législation du moment. C'était alors presque une hardiesse ; mais le succès de ce Congrès agricole libre, sans précédent, fut un honneur et pour Nancy et pour la Société centrale. Dans les discussions si intéressantes qui y furent soulevées, notre zélé collègue prit la parole, avec toute l'autorité que lui donnait sa profonde érudition, pour défendre de nouveau les intérêts de la sylviculture, bien menacés par les projets de cette époque.

Ce furent ces dernières relations directes avec la Société centrale d'agriculture. L'âge, des infirmités très graves, des deuils cruels forcèrent M. le baron de Dumast à prendre en quelque sorte sa retraite, non point que son activité eût décliné, au contraire ; quand l'occasion s'en est présentée, nous avons reçu ses avis et ses conseils, dictés par une grande expérience, un profond savoir et le plus vif désir de servir toujours son pays. Après avoir supporté avec le courage et la résignation, qu'il puisait dans sa foi chrétienne, l'épreuve la plus terrible peut-être qui pouvait le frapper, la perte de la vue, il a terminé, entouré des témoignages de la sympathie unanime de ses concitoyens, une carrière longue par les années, encore mieux remplie par les travaux qu'il avait entrepris et qui tous avaient pour but l'utilité générale. Aussi lorsque l'heure fut arrivée de le conduire à sa dernière demeure, sa mort fut-elle ressentie comme un deuil public.

La Société tiendra à honneur de conserver dans ses archives l'expression des regrets que lui cause la perte de M. le baron de Dumast, pour perpétuer ainsi le souvenir de cet homme de bien, dont toute la vie a été si laborieuse et si utile.

A. Bruneau,
Archiviste-trésorier.

(*Le Bon Cultivateur, journal de la Société d'agriculture,* 17 mars 1883.)

M. le baron A. P. F. Guerrier de Dumast, né à Nancy le 26 février 1796, y est mort le 26 janvier 1883.

Entré dans la vie active dès 1813, à l'âge de dix-sept ans, M. de Dumast fut commissaire des guerres, puis sous-intendant militaire : en cette qualité, il fut membre du Conseil de défense de Phalsbourg pendant les deux sièges de 1814 et 1815 et fit la campagne d'Espagne de 1823-1824. Mais son goût pour la littérature lui fit abandonner la carrière des armes en 1828.

Dès 1817, en effet, époque à laquelle il publia son premier ouvrage, l'*Éloge de Gilbert,* et fut reçu de l'Académie de Stanislas, jusqu'en novembre 1882, que parut son dernier livre l'*Heptapège,* M. de Dumast ne cessa de travailler et d'écrire. On lui doit : *la Maçonnerie* (1820) ; *Chios, la Grèce et l'Europe* (1822) ; *la Navarre et l'Espagne* (1836) ; *De l'Unité des langues* (1845) ; *Nancy, histoire et tableau* (1847) ; *le Duc Antoine et les Rustauds* (1849) ; *Philosophie de l'Histoire de Lorraine* (1850) ; *Fleurs de l'Inde* (1857) ; *les Psaumes, traduits en vers français* (1858-1859) ; *Philologie orientale appliquée* (1862) ; *De l'Enseignement supérieur* (1865) ; *le Redresseur* (1866) ; *Ce que fut jadis la Lorraine et ce qu'elle est encore* (1866) ; *Besoins intellectuels de la France* (1868) ; *les Trois Langues classiques* (1869) ; *la France et Nancy* (1871) ; *Couronne poétique de la Lorraine* (1874) ; *Jacques Callot* (1875) ; *De la Rime* (1879), etc., et nous ne citons ici que les plus importants de ses écrits dont l'énumération complète remplirait plusieurs pages.

Le baron de Dumast fit beaucoup pour Nancy ; ce fut lui qui obtint le rétablissement dans cette ville, en 1852, des Facultés des lettres et des sciences ; en 1864, de la Faculté de droit et, en 1871, de celle de médecine ; il y créa le Musée lorrain et obtint de l'Empereur d'Autriche et du Gouvernement français deux cent mille francs pour la reconstruction du Palais ducal incendié en 1871.

Fondateur, en 1822, de la Société asiatique, en 1823, de la Société philotechnique, membre des Académies de Niort, Metz, Lille, Épinal, etc., il était en outre secrétaire perpétuel de la Société d'archéologie lorraine, depuis 1855, correspondant de l'Institut (Académie des inscriptions et belles-lettres), depuis 1863, et président d'honneur, à vie, de l'Académie de Stanislas, depuis 1876 ; à l'étranger, les Académies de Moscou, Palerme, Constantinople, Luxembourg, Athènes, etc., le comptaient parmi leurs correspondants.

Chevalier de la Légion d'honneur, M. de Dumast, était aussi commandeur de 1re classe du Dannebrog, officier de l'Instruction publique et de N.-D. de Guadalupé, chevalier de la Couronne de Fer d'Autriche, de Charles III d'Espagne, etc... Il était en outre médaillé de Sainte-Hélène. Ch. Dubois.

(*Revue bibliographique universelle*, numéro de mars 1883.)

MESSIEURS[1],

L'ordre habituellement suivi dans ces comptes rendus, d'après lequel votre secrétaire annuel vous entretient d'abord des collègues que vous avez perdus et des membres nouveaux que vous avez admis, et, seulement après, de vos travaux, est de haute convenance. Il s'impose cette année, où vous attendez qu'on vous rappelle, tout de suite, une mémoire chère et vénérée entre toutes.

Voilà déjà plus de quatre mois que l'Académie de Stanislas a perdu l'homme éminent pour lequel vous aviez créé la Présidence d'honneur, et il n'y a pas une de vos séances qui n'ait, depuis lors, porté la marque de votre deuil. Vous vous plaisiez à voir, en M. le baron Guerrier de Dumast, non pas seulement un collègue respecté, mais un maître, un maître par le savoir, par les œuvres et par le caractère.

1. Extrait du compte rendu de l'année 1882-1883, par M. Lejeune, secrétaire annuel de l'Académie de Stanislas.

Ce morceau, ainsi que le discours de M. de Guerle (p. 18) et l'article de M. L. Adam (p. 49), est inséré dans le volume des *Mémoires* de l'Académie pour 1883.

La simple liste de ses écrits, dressée par lui en 1873, dix ans avant sa mort, remplissait déjà dix-huit pages in-8°. Elle embrasse les sujets les plus variés. Quant aux sociétés et aux institutions savantes ou d'utilité dont il s'attacha à doter votre ville et votre province, après une longue énumération, on ne serait pas certain de n'en avoir pas oublié quelques-unes.

Au milieu de toutes ces études et de toutes ces occupations multiples, diverses suivant les circonstances, l'Académie de Stanislas était toujours présente à son esprit. Lui, qui était si désintéressé pour lui-même, il avait pour elle une ambition sans bornes, il la voulait parfaite. On trouve ce sentiment dans l'exposé sommaire qu'il faisait, en 1850, des travaux de vos devanciers et dans son discours présidentiel de 1867, où il rappelait les mérites de l'Académie. Le choix des membres était une question qui l'intéressait vivement, et il n'y avait pas si petit détail de la vie de votre Compagnie auquel il n'attachât de l'importance.

En 1817, son nom paraît dans vos *Mémoires*, et il n'y a, ensuite, pour ainsi dire pas de volume qui ne renferme des travaux de M. de Dumast. Ils sont, près de l'Académie, les témoins fidèles et constants, en même temps de son esprit religieux, de sa vie intellectuelle et de son activité généreuse : très souvent ils se présentent sous la forme poétique dont il revêtait sa pensée le plus volontiers et d'une façon toute naturelle.

C'est plus particulièrement sa foi chrétienne si vive et son cœur si bon qui se manifestent dans une légende en vers, écrite en 1835, et dans l'éloge qu'il consentait à faire, en 1843, de l'un des vôtres, pour donner satisfaction au désir d'un mourant attiré vers lui par la conformité des croyances religieuses.

Telles de ses poésies, traductions ou œuvres originales, sont précédées de dissertations historiques, linguistiques, littéraires si importantes et si complètes, que l'on est autorisé à considérer ces dernières comme un travail principal, pour ne laisser à la poésie que le rôle d'un exemple à la suite d'un traité.

Vos *Mémoires* contiennent plusieurs de ces études savantes, dont quelques-unes nous rappellent le grand mouvement orientaliste dans lequel M. de Dumast eut une part si prépondérante et dont il reporta sur Nancy tout l'honneur.

Cette fière et cependant respectueuse harangue qu'il adressait à l'Empereur d'Autriche à son passage à Nancy, n'est-elle pas encore un signe du rang élevé auquel il tenait pour votre Compagnie et pour votre cité?

Une étude de 1854 porte la marque de sa charité éclairée, et des poésies que lui inspiraient les Grecs en 1820 et en 1822 témoignent que ses sentiments généreux ne connaissaient pas de frontières.

Jamais il ne fut asservi aux « opinions reçues » : il les combattait ouvertement et d'une façon pour ainsi dire irrésistible, quand elles lui semblaient fausses. Des mémoires de 1862 et de 1867 présentent ce caractère. Il s'y montre tel qu'il était : sans cesse à la poursuite du bien, à côté et au delà du mal qui apparaissait seul à l'observateur superficiel, espérant le mieux, indulgent et juste à l'égard de tous. Pour une fois qu'il fait de la politique dans vos *Mémoires*, elle est si élevée que c'est plutôt de la morale; il prend parti pour la liberté avec les Anglo-Saxons contre le système des garanties, qu'il laisse aux Chinois. C'est une de ces études de 1867 qui contient une règle qu'il semble avoir prise pour guide. Il admire les grandes et utiles entreprises de notre temps et il indique les conditions qui les rendent possibles : il faut, dit-il, « voir *juste* d'abord ; et puis vouloir *à propos* et vouloir *parfaitement* ». Ne vous semble-t-il pas, Messieurs, que vous avez là le secret des moyens d'action de M. de Dumast ?

Vous pouvez vous rappeler avec satisfaction le caractère de grande solennité que donna à votre séance du 11 mai 1876 le discours de M. de Dumast, président pour la troisième fois après cinquante ans de titulariat, car l'hommage que vous rendiez à votre doyen était vivement apprécié par lui.

On peut dire que ses dernières sorties du soir furent pour vous. Tant que cela ne lui fut pas devenu absolument impossible, il assista, ou mieux, il prit part à vos séances, vous savez avec quelle attention, quelle sûreté de jugement et de parole.

Mais, Messieurs, vous me reprocheriez de ne pas dire ce que M. de Dumast était pour chacun de vous, de ne pas évoquer le souvenir de ces entretiens ou apparaissait la haute supériorité de celui qui était toujours le principal, sinon l'unique interlocuteur.

Quand M. de Dumast avait porté son intelligente et ardente activité sur tel ou tel point qui lui paraissait important à conquérir ou à sauvegarder ; quand, par ses démarches et par son action propre, il avait acquis pour sa ville une grande institution ou fondé dans sa province une société utile, il lui restait du temps pour instruire tous ceux qui venaient avec empressement l'écouter. Pour cela, il trouvait même encore beaucoup de temps, parce que ces causeries répondaient à une constante préoccupation de son âme droite. Il voulait que sur toutes choses la vérité fût connue, et, pour la répandre, il n'épargnait pas ses peines. Que de fois, une correspondance, un envoi de notes complètes, écrites par lui, furent la suite d'un entretien dont il voulait que le souvenir et le caractère précis fussent conservés ! C'était comme un apostolat, dans lequel apparaissaient avec sa foi religieuse et sa croyance au progrès, sa sincérité, sa bonté et son respect pour les convictions d'autrui.

Vous ne sauriez oublier, Messieurs, celui qui a témoigné un si grand attachement à votre Compagnie, tant d'affection à chacun de vous. Quand vous avez voulu que ses traits vénérés restassent dans la salle de vos séances, en décidant que le buste de M. de Dumast y serait placé, vous vous êtes proposé de rendre hommage à sa mémoire et de laisser un legs pieux à ceux qui viendront après vous et auxquels il n'aura pas été donné de connaître votre Président d'honneur.

Votre sentiment était partagé : à peine eut-on appris, au dehors, votre décision, que, de toutes parts, on voulut s'associer à votre pensée et que la souscription dut être ouverte à tout le monde. Les sommes qui ont été envoyées étaient accompagnées des marques du deuil le plus sincère et de l'expression du souvenir le plus respectueux et le plus cordial.

Mais voilà que ce buste — dont vous tenez à garder pour vous un exemplaire — devra avoir une place plus en vue. Il ne devra pas être difficile d'en obtenir une qui soit digne de M. de Dumast : l'autorité municipale a déjà prouvé combien elle partage vos sentiments, non pas seulement par le discours prononcé par M. le Maire de Nancy aux funérailles de votre vénéré Président d'honneur, mais encore en décidant que son nom serait donné à une rue voisine du palais des Facultés.

Dans plusieurs des Sociétés savantes de Paris dont M. de Dumast était membre ou correspondant, la nouvelle de sa mort a occasionné des discours ou des articles ; ne pouvant les reproduire tous, nous nous bornerons à insérer ici les trois éloges suivants :

I

Hommage rendu[1], à la séance du 9 février 1883, à la mémoire de M. de Dumast, l'un des fondateurs de la Société asiatique, par M. Adolphe Régnier, président de cette Société et membre de l'Institut.

MESSIEURS,

Ce n'est point notre coutume d'annoncer au Conseil la mort des membres de la Société; mais je viens de

1. Voir le cahier du premier trimestre de 1883 du *Journal asiatique*.

recevoir un triste message qui donne lieu, je crois, à une exception bien justifiée.

M. le baron Guerrier de Dumast, conservateur des forêts à Nancy, m'apprend la mort de son père, correspondant de l'Institut, notre vénérable doyen, un des membres que l'on peut nommer les fondateurs de la Société, c'est-à-dire dont les noms sont inscrits sur la première liste, celle du 1er avril 1822. Il est décédé à Nancy, sa ville natale, à l'âge de quatre-vingt-six ans et onze mois, le 26 janvier dernier.

Tous ceux qui ont connu M. de Dumast, reconnaîtront avec moi qu'il a été un des esprits les plus agissants et les plus curieux de son temps, de ceux qui ont étendu leur intérêt avec le plus d'ardeur à tout ce qui, dans le domaine, soit de l'action, soit des connaissances humaines, est le plus intéressant. Pour l'action, tous les souvenirs de sa vie peuvent servir de preuves ; pour la variété des goûts et du savoir, il suffit de jeter les yeux sur la liste des titres si divers de ses nombreux ouvrages.

Mais ses deux grands amours (pour lui, c'est le mot), les deux principaux objets de son zèle infatigable ont été la Lorraine et l'Orient.

La Lorraine lui a montré sa gratitude par sa constante estime, dont je ne citerai qu'une seule marque : l'illustre Académie de Stanislas l'avait nommé son président d'honneur, à vie.

A nous de reconnaître l'incroyable ardeur qui l'animait pour nos études. Élève de Sacy et de Chézy, il avait cultivé à la fois les lettres sémitiques et les lettres aryennes et nous a donné pour fruits de cette commune culture, d'une part, son admirable *Traduction en vers des Psaumes de David* et de l'autre, ses *Fleurs de l'Inde*.

Dignes aussi de souvenir sont pour nous ses désirs, ses efforts qui n'ont pas été vains pour l'adjonction de chaires orientales aux Facultés des lettres et pour la création d'une école d'études sanscrites, à Nancy.

Sa perte laisse, au milieu de nous, un vide auquel nous ne pouvons qu'être et sommes très sensibles.

II

Paroles prononcées [1] sur M. le baron de Dumast, le 29 avril 1883, par M. Bufnoir, président de la Société d'enseignement supérieur, à la séance générale annuelle de cette Société :

M. le baron G. de Dumast a fourni une longue carrière, et cette carrière, poussée aux confins de l'extrême vieillesse, a été dignement remplie. Je n'ai pas à vous entretenir de ses travaux comme littérateur ou comme érudit ; quels qu'en soient le mérite et l'importance, bien qu'ils lui aient légitimement valu le titre de correspondant de l'Institut, ce n'est pas à eux qu'il doit la grande popularité dont il a joui dans son pays et qui a groupé autour de sa tombe tous ses concitoyens, sans distinction d'opinions, dans un commun sentiment d'unanimes regrets. Ce qui lui a surtout fait cette popularité et mérité ces regrets, c'est la part si considérable qu'il a prise à la restauration des hautes études dans la ville de Nancy.

Telle est, en effet, l'œuvre à laquelle il s'est dévoué

1. Ces paroles sont reproduites dans la *Revue internationale d'enseignement*, numéro du 15 mai 1883.

sans réserve, au service de laquelle il a mis le meilleur de ses forces et la ténacité d'un zèle que n'a jamais rebuté aucun obstacle. Il a pu voir ses efforts couronnés de succès. Un jour vint où Nancy, après avoir obtenu successivement une Faculté des lettres, une Faculté des sciences et une Faculté de droit, se trouva en mesure de recueillir intégralement l'héritage universitaire de Strasbourg, sans crainte de le voir dépérir entre ses mains. C'est à M. de Dumast que ses compatriotes aiment à faire honneur de ce résultat, et ils cherchent à s'acquitter envers lui par les honneurs posthumes qu'ils lui décernent. L'une des rues de la ville, conduisant au palais académique, va recevoir son nom, et il y a lieu de croire que c'est dans l'enceinte même de ce palais que s'élèvera, à sa place naturelle, son buste, pour l'érection duquel une souscription est dès maintenant ouverte sous les auspices de l'Académie de Stanislas, dont il était, à vie, le président d'honneur.

En travaillant à la satisfaction du patriotisme local, en demandant à la France de payer ce qu'il regardait comme une dette historique, M. de Dumast a bien mérité du pays tout entier. Il ne s'y trompait pas : le culte passionné qu'il avait voué à la Lorraine n'était à ses yeux qu'une des formes de l'amour de la grande patrie, pour laquelle sont morts noblement deux de ses fils. C'est pourquoi nous associons nos regrets à ceux de ses concitoyens et de ses amis. Ce n'est pas seulement un confrère digne d'estime et de sympathie que nous perdons en lui, c'est un véritable apôtre de l'enseignement supérieur dont il ne nous est pas permis d'oublier le dévouement à une cause qui est la nôtre.

*

Nous conserverons donc pieusement le souvenir de cet homme de bien qui nous laisse un grand exemple, car il a montré ce que peut l'initiative privée quand elle se dévoue avec persévérance à la poursuite d'un but noble et désintéressé.

III

Éloge de M. de Dumast[1], doyen de la Société philotechnique, prononcé à la séance générale du 27 mai 1883, par M. J. David, secrétaire perpétuel de cette Société :

Un des chagrins les plus vifs que puisse éprouver la Société philotechnique, c'est de perdre un de ses doyens dont elle écoutait avec tant d'intérêt la voix poétique et les conseils élevés. Vous savez de quel respect elle entoure la vieillesse alerte, sensée et studieuse de ceux qui, fidèles au culte de l'idéal, lui ont toujours donné l'exemple du travail et de l'émulation. Eh bien, au commencement de cette année, le plus vénérable de ses doyens, dont le nom figurait depuis soixante ans sur son tableau, dont la laborieuse collaboration venait, à quatre-vingt-six ans, de lui envoyer encore un poème plein de verve et de talent, l'a quittée brusquement, je ne dirai pas avant l'âge, mais bien avant l'affaiblissement de l'esprit et l'indifférence du cœur.

1. Cet éloge, extrait du rapport annuel lu dans la séance générale du 27 mai, paraîtra dans l'*Annuaire* de 1883 de la Société.

M. le baron Guerrier de Dumast était une de ces natures admirablement douées qui unissent, à l'étonnement de tous et à l'applaudissement de leurs amis, la science à la poésie, l'érudition à l'esprit, l'initiative de l'action à la conception de la pensée.

Savant orientaliste, il écrit un mémoire linguistique pour provoquer, à la Faculté de Nancy, la création d'une chaire de sanscrit et, en même temps, il chante les *Fleurs de l'Inde* dans des poésies variées autant qu'originales. Versé à la fois dans les langues sémitiques et hindoustaniques, il en donne la preuve dans la traduction en vers aussi exacte qu'inspirée des *Psaumes de David,* dont deux déjà figurent en tête de notre Annuaire de 1839.

Philhellène convaincu, il compose, dès 1823, un chant lyrique sur l'ile de Chios et ses malheurs, où il appelle l'attention de l'Europe et la sympathie de tous les cœurs généreux en faveur d'un peuple qui se régénère par l'héroïsme et le dévouement.

Patriote chaleureux, il aime sa chère Lorraine d'un amour aussi ardent qu'ingénieux. Il voue à Nancy sa vie entière ; il la sert comme édile, il l'honore comme savant ; il s'occupe à la fois de sa prospérité matérielle et de sa gloire littéraire : il lui fait rendre ses *quatre Facultés,* y crée le *Musée lorrain* et y rebâtit le *Palais ducal* incendié ; il y fonde une *Société d'archéologie* et y préside l'*Académie de Stanislas ;* il en écrit l'histoire et en chante les célébrités ; enfin, il parachève le tout avec un poème qu'il lui dédie et qu'il intitule : *Couronne poétique de la Lorraine*. M. Wiesener nous a analysé avec charme cette épopée patriotique pour l'exécution de laquelle son auteur emploie les sept cordes de la lyre antique, en y joignant avec audace le psaltérion des prophètes bibliques et la harpe des bardes gaïls.

Telle est la rapide esquisse de ce qu'a fait pour sa mémoire ce savant aimable, d'une verve toujours jeune, d'une érudition qui servait sa poésie, d'une activité que rien ne rebutait.

Mais, outre ses qualités littéraires et sociales, M. de Dumast nous était cher comme la tradition vivante de notre Compagnie. Il avait vu débuter Casimir Delavigne dans le sein même de la Société philotechnique, lequel, dès l'âge de seize ans, y avait fait lire un dithyrambe sur la naissance du roi de Rome et qui, en 1824, lui communiquait plusieurs de ses *Messéniennes*. Il y avait vu Andrieux qui, parvenu au sommet des honneurs littéraires, n'oublia jamais la société où il avait essayé la création de l'Institut, c'est-à-dire de l'union des classes académiques, ce qui n'existait pas dans l'ancien régime. Il avait applaudi les *Fables* d'Arnault récitées par lui-même, lorsque l'auteur de *Marius à Minturnes*, rayé en 1815, par ordonnance royale, du tableau de l'Académie française et réintégré seulement en 1827, n'avait de refuge que notre Compagnie contre la rigueur des temps. Alors qu'il résidait à Paris, M. de Dumast était assidu à nos séances décadaires où il rencontrait Viennet, le plus spirituel des classiques ; Berville, le modèle des secrétaires perpétuels ; Payen, ce chimiste qui plaisait aux dames en leur parlant de science ; Cuvier qui trouvait encore le temps de nous présider ; Bignan et Casimir Bonjour qui se consolaient parmi nous de leurs injustes échecs à l'Académie française ; Baour-Lormian, Emmanuel Dupaty, Pongerville qui en étaient déjà, Legouvé et d'Epagny qui allaient en être ; enfin des artistes célèbres dans tous les genres, comme les sculpteurs David d'Angers et Foyatier, comme les peintres Ingres et Steuben, comme les musiciens Romagnési et Clapisson.

Je ne parle que de nos membres d'il y a un demi-siècle, de ceux que nous n'avons jamais vus, mais avec lesquels M. de Dumast avait conversé, discuté, dont il se souvenait avec tant d'intérêt et qu'il nous rappelait avec tant de précision.

Aussi, pour nous, le décès de M. de Dumast est plus qu'une perte, c'est un groupe de souvenirs effacé, c'est un tome désormais fermé de notre histoire littéraire : nous regretterons toujours l'homme excellent, nous ne remplacerons jamais le doyen.

Aussitôt après la mort de M. de Dumast, tous les journaux de Nancy[1] se sont empressés de demander à la Municipalité le nom de *Guerrier de Dumast* pour l'une des rues de la ville et, de préférence, pour la rue des Tiercelins, dans laquelle il est né. — De plus, l'Académie de Stanislas et la Société d'archéologie lorraine émirent un vœu analogue que leurs bureaux furent chargés de transmettre à M. le Maire de Nancy.

Aussi, en présence de cette manifestation unanime de l'opinion publique, le Conseil municipal, dans la séance du 1er mars 1883, fit

1. L'*Espérance, Courrier de Nancy*, des 28 janvier et 23 février; la *Gazette de l'Est* du 30 janvier; le *Progrès de l'Est* du 1er février; le *Journal de la Meurthe et des Vosges* du 3 février; le *Courrier de Meurthe-et-Moselle* des 4-5 février, etc.

droit à la demande générale ; l'on trouva quelques inconvénients à changer le nom de la rue des Tiercelins ; le choix se porta alors sur la rue de la Vénerie, *comme aboutissant au Palais des Facultés*, et l'on décida que dorénavant elle porterait le nom de :

Rue Guerrier de Dumast.

Nancy, imp. Berger-Levrault et Cie.

www.ingramcontent.com/pod-product-compliance
Ingram Content Group UK Ltd.
Pitfield, Milton Keynes, MK11 3LW, UK
UKHW012048240726
13965UKWH00003B/1134

9 782013 072335